U0120864

徐彻 作品系列

CIXI SHIDA

MI AN PO JIE

慈禧

十大谜案

破解

徐彻 ◎ 著

中国文史出版社

目　录

1

引　言

　　慈禧太后是中国晚清史上争议最大、谜案最多、评价最难的一个赫赫有名的世界级的历史人物。

　　慈禧太后，叶赫那拉氏。道光十五年十月初十日（1835 年 11 月 29 日）生于北京，光绪三十四年十月二十二日（1908 年 11 月 15 日）病逝，活了 74 岁。慈禧太后经历了咸丰、同治、光绪三朝，立过同治帝载淳（6 岁）、光绪帝载湉（4 岁）、宣统帝溥仪（3 岁）三个小皇帝。

大清国慈禧皇太后

美国画家卡尔女士绘制的慈禧太后画像

　　在同治、光绪两朝，她曾三次垂帘听政。第一次垂帘是咸丰十一年（1861 年）至同治十二年（1873 年），计 13 年；第二次垂帘是同治十三年（1874 年）至光绪十五年（1889 年），计 15 年；第三次垂帘是光绪二十四年（1898 年）至光绪三十四年（1908 年），计 10 年。她垂帘听政总共 38 年的时间。另外 10 年，她虽然名义上归政了光绪帝，实际上仍然隐控朝政。重大问题的决策，仍要由她做出，实质是不垂帘的垂帘。

事实上，慈禧太后统治中国 48 年，几乎长达半个世纪。

慈禧太后所遇到的是中国几千年未遇到的大变局。她所处的时代正是列强环伺、威逼蚕食中国的时代，也是中国人民奋起抗争、走向世界的时代。她所经历的晚清社会，几乎相当于中国近代史。她亲历了第二次鸦片战争、太平天国运动、中法战争、中日战争、戊戌变法、义和团运动、清末新政等重大历史事件。1860 年英法联军侵华，疯狂焚毁圆明园；1900 年八国联军侵华，大肆抢掠北京城，慈禧太后也都是亲历的。

慈禧的简历

第一，18 岁进入宫廷。慈禧太后，姓叶赫那拉氏。满洲镶蓝旗人，后来抬入镶黄旗。北京人。曾祖父吉郎阿任从五品的户部员外郎（副局长），祖父景瑞任正五品的刑部郎中（正局长），父亲惠征任正四品的安徽徽宁池太广道（道员，略高于正局长）。他们担任的官职相当于现在的局级干部，也算是中高级官员了。慈禧的前三代是清朝的官员，家庭生活很好。慈禧出生在三代为官的满族官宦家庭中，可以说，她是一位官宦家庭中养尊处优的小姐。

咸丰元年（1851 年），那拉氏已是 17 岁的大姑娘了。出落得俊美可爱，娇媚迷人。恰在这一年，皇太后为咸丰帝挑选秀女。经层层筛选，她被选

御赏、同道堂二印

慈禧十大谜案破解

中了。同时被选中的还有后来成为皇后的钮祜禄氏，钮祜禄氏15岁。当时，钮钴禄氏被选为嫔，比那拉氏高一级。那拉氏被选为贵人。

咸丰二年二月十一日（1852年3月31日），那拉氏被封为兰贵人。五月初九日（6月26日），18岁的那拉氏正式入宫，住在长春宫。咸丰四年（1854年），晋封懿嫔。咸丰六年三月二十三日（1856年4月27日）生皇子载淳，晋封懿妃。咸丰七年（1857年）正月，晋封懿贵妃。此时的那拉氏才23岁。

第二，27岁垂帘听政。咸丰十年（1860年）六月，英法联军侵犯天津，进逼北京。八月七日，咸丰帝偕后妃逃往热河（今河北省承德市）避暑山庄。咸丰十一年七月十七日（1861年8月22日），咸丰帝病死。6岁的载淳即位。尊皇后为母后皇太后，尊懿贵妃为圣母皇太后。不久，又加上徽号，称钮祜禄氏为慈安太后，称那拉氏为慈禧太后。因慈安居于北京皇宫东六宫的钟粹宫，慈禧居于西六宫的长春宫，所以俗称慈安太后为东太后，慈禧太后为西太后。光绪帝称慈禧太后为"皇爸爸"。后妃及宫人称慈禧太后为"老祖宗""老佛爷"。

咸丰帝临死前，遗命怡亲王载垣、郑亲王端华、协办大学士肃顺等八大臣为顾命大臣。但是，八大臣刚愎自用，大权独揽，排斥两宫太后和小皇帝载淳。两宫太后，主要是慈禧，同恭亲王奕䜣等联合起来，发动了辛酉政变，实现了两宫太后的垂帘听政。

此后，慈禧依靠曾国藩的湘军和李鸿章的淮军，残酷地镇压了太平天国起义。

慈禧太后化装观音菩萨像。慈禧太后喜欢别人称她为"老佛爷"

第三，41 岁二次垂帘。同治十二年正月二十六日（1873年2月23日），同治帝举行亲政大典。到同治十三年十二月初五日（1875年1月12日）同治帝死，亲政近2年时间。同治帝死，慈禧指定4岁的

养心殿东暖阁，慈禧太后垂帘听政处

载湉即位，是谓光绪帝。两宫太后第二次垂帘，是时慈禧太后41岁。载湉是醇亲王奕譞的儿子。醇亲王奕譞是咸丰帝的七弟。醇亲王奕譞的妻子是慈禧的妹妹叶赫那拉氏。即是说，慈禧是光绪帝的大娘兼大姨。光绪帝是慈禧的侄儿兼外甥。

　　光绪七年三月初十日（1881年4月8日），45岁的慈安突然病逝。慈禧皇权独控，成为名副其实的太上女皇。

　　第四，55 岁撤帘归政。光绪十四年（1888年）十月初五日，由慈禧做主，将自己的胞弟副都统桂祥之女指定为光绪的皇后，侍郎长叙的两个女儿同时入选，封瑾嫔、珍嫔。光绪十五年（1889年）正月，大婚礼成。光绪十五年二月初三日（1889年3月4日），慈禧撤帘归政，光绪帝举行亲政大典。

　　光绪二十年（1894年）十月初十日，是慈禧的60岁生日，准备在颐和园大规模地进行庆祝。光绪二十年（1894

1888年，33岁的慈禧手书"福禄寿"吉祥字轴

年）五月，中日甲午战争爆发。当有人建议停止颐和园工程，停办点景，将寿银移作军费的时候，慈禧非常生气，说："今日令吾不欢者，吾亦将令彼终身不欢。"即是说："谁叫我一时不痛快，我就叫他一辈子不痛快！"后来，在旅顺、大连万分危急的情况下，慈禧在宁寿宫度过了她的 60 岁生日。

第五，64 岁三次垂帘。光绪二十四年四月二十三日（1898 年 6 月 1 日），光绪帝宣布变法维新。慈禧最初是不反对变法的。但当变法触及后党集团的利益时，慈禧便发动了政变，血腥地镇压了戊戌变法。光绪二十四年八月初六日

1902 年，68 岁的慈禧所画牡丹绽放图轴

（1898 年 9 月 21 日），慈禧以光绪帝的名义发布谕旨，实行"训政"，实则是第三次垂帘，此时慈禧 64 岁。

此后，慈禧利用义和团进攻列强，给列强侵略中国以口实。

慈禧出逃西安，以后回銮北京，被迫实行新政。

光绪三十四年十月二十二日（1908 年 11 月 15 日）病逝。

可以说，慈禧太后的一生是和晚清社会相始终的。由于历史上的种种原因，近代的一些随笔札记及野史稗乘，对慈禧其人其事有种种耸人听闻、离奇古怪的说法。慈禧的身上便笼罩了许许多多的难解之谜。诸如，慈禧是内蒙古人、安徽人、浙江人、甘肃人、山西人，抑或是北京人？慈禧是如何取得咸丰帝宠幸的？慈禧是如何成功地发动宫廷政变

慈禧太后在颐和园乐寿堂与外国公使夫人合影

的？慈禧是怎样逼死嘉顺皇后的？慈禧毒死了慈安吗？慈禧是如何巧斗奕訢的？慈禧与李连英有染吗？慈禧的儿媳珍妃到底是怎样死亡的？慈禧害死了光绪帝吗？

慈禧太后的一生充满着各种各样的谜案，大体上有十大谜案。

第一个谜案是慈禧究竟出身何地之谜；（慈禧到底是内蒙古人、安徽人、浙江人、甘肃人、山西人，抑或是北京人？）

第二个谜案是慈禧得到咸丰宠幸之谜；（她是怎样从第五级的贵人升为第二级的贵妃的？）

第三个谜案是慈禧成功地发动辛酉政变之谜；

第四个谜案是慈禧的宠监安得海伏诛之谜；

第五个谜案是同治皇帝死亡原因之谜；

第六个谜案是慈安太后突然死亡之谜；

第七个谜案是慈禧与恭亲王奕訢的关系之谜；

第八个谜案是慈禧的儿媳珍妃的死亡之谜；

第九个谜案是慈禧与太监李连英的关系之谜；

第十个谜案是慈禧的侄儿光绪帝的死亡之谜。

总之，概括地说，这十件谜案是慈禧太后和一个亲王、两个太监、三个后妃的关系之谜。也可以说，是一个女人（慈禧太后那拉氏）与一个男人（恭亲王奕訢）、两个阉人（太监安得海和李连英）、三个女人（皇后阿鲁特氏、慈安太后钮祜禄氏和珍妃他他拉氏）之间的故事之谜。

这些谜案，有的被当成定论，经文学家巧笔虚构，编成小说、戏剧及影视，广为流传，遂相沿成习，以致真伪莫辨。现在有的戏说慈禧，把某些情节编得更是神乎其神。个别说法甚至被某些历史学家所接受，并加以引用，而成为难以澄清的历史伪案。

其实，关于慈禧太后的许多传闻都不是信史。多年来，人们有意无意地对慈禧太后进行了妖魔化、脸谱化、随意化。人们可以随心所欲地往慈禧太后身上扔脏物、泼污水、画鬼脸，而不受舆论的制约。这似乎已经成为一个习惯的思维定式。说慈禧太后的坏话，不受舆论的谴责，反而得到人们的赞誉。于是，慈禧太后不仅政治上一无是处，就是生活上也是一塌糊涂。

本书力图破解这十大谜案，在诸多细节上还慈禧太后一个历史的真面貌。

慈禧太后对镜化妆照

第一个谜案
慈禧究竟出生何地之谜

慈禧究竟出生何地,一直扑朔迷离,不得其解。关于慈禧的出生地,目前存在六说,即内蒙古说、安徽说、浙江说、甘肃说、山西说、北京说。现在我们试作破解。

一　内蒙古说

内蒙古说,是指慈禧生于内蒙古呼和浩特市。呼和浩特市即清代山西的绥远城。清代山西的绥远城,民国时改归内蒙古。

内蒙古说源于呼和浩特市的一个民间传说。据说,慈禧的父亲惠征,当年曾经担任山西归绥道的道员。归绥道的驻地在归化城,即现在的呼和浩特市。传说呼和浩特市有一条落风街,慈禧就出生在这条街道的道员府中。还传说,慈禧年幼时,有个乳母叫逯三娘,是个回民,她曾领着慈禧到归化城边玩耍。

不过这只是一个传说而已。根据文献的确凿无误的记载,惠征是在道光二十九年(1849年)闰四月十七日,内阁奉上谕,宣布任命其为山西归绥道道员的。此时惠征45岁,慈禧已经15岁。惠征在归绥道任上3年。显然,慈禧没有可能诞生在归化城。

这个传说并不完全是捕风捉影。因为惠征上任,确实携带家眷,慈禧确曾在归化城生活过3年。此外,慈禧的外祖父惠显,从道光十一年(1831年)至道光十七年(1837年),任归化副都统。慈禧同归化城有些渊源。以上的传说，也许来源于此。

二 安徽说

安徽说是流传最广的说法。这是说慈禧出生在安徽芜湖。
《满清外史》记道：

那拉氏者，惠征之女也。惠征尝为徽宁池太广道，其女生长南中。少而慧黠。嬛艳无匹侪，雅善南方诸小曲。凡江浙盛行诸调，皆朗朗上口，曲尽其妙。于咸丰初年，被选入圆明园，充宫女。是时英法同盟军未至，园尚全盛，各处皆以宫女内监司之。那拉氏乃编入桐荫深处。已而洪杨之势日炽，兵革遍天下，清兵屡战北，警报日有所闻。奕䜣置不顾。方寄情声色以自娱，暇辄携妃嫔游行园中，闻有歌南调者，心异之。越日复往，近桐荫深处，歌声又作，因问随行内监以歌者

畅音阁大戏楼。关于慈禧听戏，据亲历其事的太监耿进喜回忆："老太后坐在（阁是楼西间）炕上时候多，也有坐在凳儿、椅子上的时候，也有溜溜达达站一会儿，或是打后门出去遛个弯儿，或是睡觉的时候。可是台上老是照常唱，打早上唱到晚。"毫不夸张地说，慈禧是个铁杆戏迷。她的六旬大寿，很多的时候是在畅音阁度过的

慈禧十大谜案破解

何人。内监以兰儿对。兰儿者，那拉氏之小字也。宫中尝以此名呼之。奕䜣乃步入桐荫深处，盘踞炕上曰（凡园内各处皆设炕，备御座也）："召那拉入。"略诘数语，即命就廊栏坐，命仍奏前歌。良久，奕䜣唤茶。时侍从均散避他舍，那拉氏乃以茶进，此即得幸之始也。或曰，奕䜣得屡听歌声，及内监所对之言，均那拉氏贿略所使。盖宫殿深邃，非有内侍牵引，必不能至。故那拉氏不吝金钱，卒以达其目的云。

以上这段话，说慈禧"雅善南方诸小曲。凡江浙盛行诸调，皆朗朗上口，曲尽其妙"。而且，正因为擅唱南方小曲，意外地得到了咸丰帝的青睐，并受到宠幸。慈禧既"雅擅南方诸小曲"，且由此得到咸丰帝的宠幸，又"生长南中"，有的学者就认为慈禧生在南方。又根据其父惠征当时任安徽徽宁池太广道道员，道员的衙署在安徽芜湖，因此断定慈禧出生在安徽芜湖。

其实，这个说法是站不住脚的。

慈禧的父亲惠征在道光二十九年（1849年）闰四月十七日，内阁奉上谕，宣布任命其为山西归绥道的道员的。他在归绥道任上恪尽职守，受到好评，遂于咸丰二年二月初六日（1852年3月26日）被咸丰帝调任更为重要的安徽宁池太广道。

咸丰二年（1852年），慈禧已经是18岁的大姑娘了，并且已经入宫，被册封为兰贵人。档案记载，咸丰二年（1852年）二月初八、初九两天，清宫挑选秀女，慈禧被选中。二月十一日，敬事房太监传达上谕，封慈禧为兰贵人，并于五月初九日进宫。

黄杨木描金彩杂锦梳具。慈禧太后时用

慈禧进宫后，惠征才携家眷赴任。到任的时间应该是同年的七月。在咸丰三年（1853年）以前，安徽分为南北两道。北道下辖凤阳府、庐州府、颍州府、滁州府、六安府、泗州府等地，兼管凤阳关；南道下辖安庆府、徽州府、宁国府、池州府、太平府、广德州等地，兼管芜湖关。宁池太广道为南道，所属5府1州28县。全省51县，南道占多数。这个地方比起归化城（今内蒙古自治区呼和浩特市）来，因地处江南，更加富庶，也更加重要。这一调动说明道光帝对他的信任。

但好景不长。当时洪秀全率领几十万太平军，顺长江直下，势如破竹。九江、安庆告急。太平军很快攻克安庆，安徽巡抚蒋文庆被杀。惠征押解一万两银子辗转逃到镇江的丹徒镇，操办粮台，以待援兵。咸丰帝派出刑部左侍郎李嘉端担任安徽巡抚，并密令查拿逃跑官员。李嘉端按照上谕的命令，参奏了临阵脱逃的官员。同时，也对惠征附片上奏。其中参道：

> 惠征分巡江南六属，地方一切事务责无旁贷，何以所属被贼踩蹦，该道竟置之不理？即使护饷东下，而两月之久。大江南北并非文报不通，乃迄今并无片纸禀函，其为避居别境已可概见。除由臣另行查办外，所有芜湖道员缺紧，要相应请旨迅赐简放，以重职守。

咸丰帝奕詝于三月二十六日（5月3日）看到这一奏片后，大为愤怒，当天发出廷寄上谕："惠征身任监司，于所属地方被贼踩蹦，何以携带银两印信避至镇江、泾县等处？"又问："该二员（按：李嘉端在同一夹片中还参劾了安徽学政锡龄）究竟现在何处？该抚所闻逃避处所是否确实？仍着查明据实具奏。惠征业已开缺，着即饬令听候查办。"并于三月二十六日（5月3日）发布上谕："安徽宁池太广道员缺，着龄椿补授，钦此。"惠征被罢官后，便一蹶不振，得了重病。没过几个月，于咸丰三年六月初三日（1853年7月8日）病死在江苏镇江，终

慈禧十大谜案破解

年49岁。

慈禧不仅不是出生于安徽芜湖，而且终生没有到过南方。

三 浙江说

此说是由一篇文章引起的。1993年8月22日，有报纸发表了一篇报道：《史界新发现，慈禧生于浙江乍浦》。文中称，慈禧的父亲惠征在道光十五年（1835年）至道光十八年（1838年）间，曾外放到浙江乍浦，任正六品的武官骁骑校。而慈禧恰恰生于道光十五年（1835年）。因此，文中说慈禧的出生地在浙江乍浦，具体出生地点为"浙江平湖市乍浦城内的满洲旗下营"。这篇报道又说，现今的浙江乍浦老人中，仍然有一些关于慈禧幼年的传说。此篇报道的特别之处是，它抓住了慈禧出生的时间道光十五年（1835年）这个关键点，因此很有迷惑性。但是，这篇报道与史实有三点不合。

其一，**时间不对**。查惠征的履历，惠征道光八年（1828年）24岁为笔帖式。道光十四年（1834年）京察，29岁定为吏部二等笔帖式。道光十九年（1839年）35岁升为八品笔帖式。道光二十三年（1843年）39岁定为吏部一等笔帖式。笔帖式是满文书官的称谓，是部院等衙门的低级官员，做些抄写和拟稿的工作，相当于后来的文书。显然，这段时间，惠征一直在北京部里担任笔帖式，没有外放到地方为官。

其二，**官职不合**。此时惠征一直担任笔帖式等低级的文职官吏，不会一下子担任中

伽楠香木嵌金寿字手串。手串可以戴在手腕上，或挂在胸前。此手串是由18颗名贵的伽楠香珠、佛头等组成，有益体养身之效。慈禧太后时用

级武职官员的骁骑校。

其三，品级不符。惠征当时担任的笔帖式是八品，而骁骑校是正六品。

很明显，慈禧出生于浙江乍浦说是子虚乌有的。

四　甘肃说

据说，慈禧的父亲惠征曾经担任过甘肃布政使衙门的笔帖式。在此期间，惠征就住在兰州八旗会馆以南的马坊门，即现在兰州永昌路179号。传说慈禧就出生在其父惠征在兰州担任笔帖式的时候，并且就出生在这个院落里。

此说有一点同惠征的履历相同，就是惠征确实担任过笔帖式。但是，查惠征担任笔帖式的部门，都是北京部里的衙门。同时，惠征一生都没有去过甘肃。因此，慈禧出生在甘肃兰州说，就完全是无中生有了。

五　山西说

慈禧出生地山西长治说，是长治当地人士提出来的，是近年提出的新说法。他们对慈禧出生在山西长治县，提出了一整套说法。他们认为，慈禧不是满族人，而是汉族人。他们出版了一本书《慈禧童年考》。细阅该书，发现他们对慈禧的出生地，提出了二说。虽然都是长治县，但却在不同的村庄。

第一说是长治县西坡村。

据他们说，慈禧是道光十五年（1835 年）十月初十日出生的。出生地在山西省潞安府（今长治市）长治县西坡村。慈禧名王小慊，属羊。其祖父名王会听，祖母陈氏。父亲王增昌，母亲李氏，父母只有她一个女儿。王小慊还有一个舅舅、两个姨妈。她家很穷，地少，人多，靠打短工度日。道光十八年（1838年），母亲李氏因病去世。年景不好，王小慊无人照看，其父王增昌将王小慊卖给了潞安府某人，后来又辗转卖给了潞安府知府。过了七八年，传说潞安府知府有一个丫鬟，十一二岁，长得如花似玉，两个脚心上还各长了一个瘊子。知府夫人觉得，此后其人必会大富大贵，就把她认为义女。消息传到西坡村，王小慊的祖母陈氏听说了。老人心想，我的孙女脚上也长了两个瘊子，况且，也应该是十一二岁了。就让小儿子王增鸿到潞安府去打听。几经周折，也没有打听到实信。其祖母陈氏带着遗憾，在咸丰四年（1854年）去世了。

此一说还提出了三条所谓证据。

证据之一是说有一个家谱。家谱上记载着"王小慊后来成为慈禧太后"一句话。但是，这个家谱不是原件，而是重抄件。这就失去了作为证据的价值。

证据之二是说有慈禧出生的房屋遗址。然而，这个遗址现在变成了猪圈。这也只是口碑资料，得不到证实。

证据之三是说西坡村有慈禧生母之墓。据说原来是木碑，现在是新制的石碑。由于是新碑，也自然失去了遗迹的真实性。

因此，这些所谓的证据就站不住脚了。

第二说是长治县上秦村。

据他们说，慈禧是上秦村人，姓宋，名龄娥，生于道光十五年（1835年）十月初十日，长得俊俏，聪明伶俐。父亲排行老四，名宋四元。母亲李氏，在一个叫弹花弓的地方被狼咬死，哥哥在河滩上被狼吃掉。道光二十五年（1845年），家乡闹大饥荒，树皮都被吃光。龄娥饿得骨瘦如柴。宋四元只好将女儿龄娥卖给了潞安府知府惠征做奴婢。不久，宋四元也饿死了，宋家就没有人了。惠征买了龄峨，起名兰儿。惠征的夫人有一天发现龄娥两个脚心各有一个瘊子，认为她是一个贵人，就认为义女，改姓叶赫那拉，并请人教她念书，填词，作赋。到了咸丰二年（1852年），龄娥被选入清宫，后来当上了皇太后。

9

凭据这些，自称慈禧后裔的五位老人，集体到县志办上访，并上交了《慈禧家境简介》的材料，要求政府澄清这件事。

此一说法提出了五条所谓证据。

其一是说上秦村有慈禧的后裔。但是，这些后裔是自称的。

其二是说这里有慈禧的家娘娘院。但是，这个娘娘院是传说的。

其三是说宋家有两个皮夹子。但是，其来源不清，用途不明，也没有形成证据链条。

其四是说家里有一封慈禧来的信。但是，这封所谓的信，只是些断简残篇，不可卒读。

其五是说宋家有一张慈禧的照片。但是，这张照片是到处可以找到的。

我们知道，实物资料，必须是真实的；遗迹资料，必须是原始的；口碑资料，必须是链条的。上述所谓的各种资料，都不具备这些条件。

以上二说，即西坡村说和上秦村说之间，存在着许多相互矛盾之处。但是，长治市的地方人士仍然认定慈禧是长治人。为此，他们还组成了长治市慈禧童年研究会，并召开了研讨会。

但据学者考证，在这段时间，历任潞安府知府的共有七人，其中没有惠征。学者查找了清代的起居注档、上谕档、朱批奏折等档案，详细查对了历任潞安府知府的任职年代。从道光五年（1825 年）至咸丰元年（1851 年），这 26 年间，担任潞安府知府的共有七人：道光五年六月至道光十五年七月，知府马绍援，任职十年一个月；道光十五年八月至道光十八年三月，知府达镛，任职两年半；道光十八年四月至道光二十八年八月，知府多慧，任职十年五个月，其中道光二十四年，多慧因大计卓异，赴京由吏部引见皇帝，知府之任由同知陈维屏护理；道光二十八年九月至咸丰元年五月，知府珠陨，在任两年七个月；咸丰元年六月至九月，知府万济堪，在任三个月，其间八月曾拟调袁彦龄，但袁未到任，知府实际还是由万济堪担任；咸丰元年十月始，知府金君善。

既然惠征没有在潞安府担任过知府，同时，惠征的履历中，也没有在山西潞安府担任过知府的记载。那么，所谓的慈禧在潞安府被卖给惠征的说法，就成了无源之水、无本之木了。这是一个铁证。这就从根本上否定了慈禧出生在山西长治的说法。

六 北京说

慈禧出生在北京的一个三代为官的官宦世家。

慈禧的曾祖父名吉郎阿。字霭堂。乾隆时担任内阁中书。嘉庆六年（1801年）升任六品中书。因表现突出，嘉庆九年（1804年）奉命进入军机处任军机章京。军机章京是接触中央机要的重要官职。吉郎阿担任此职，说明他是一个很有能力的人。后来调任从五品的户部银库员外郎（副局长），这是管理银库的要职。吉郎阿在嘉庆十九年（1814年）左右，死在户部员外郎（副局长）任上。

慈禧的祖父名景瑞。嘉庆十八年（1813年）升为刑部主事（略高于处长）。道光元年（1821年）升任从五品的刑部员外郎（副局长）。道光十一年（1831年）又升为正五品的刑部郎中（正局长）。后曾一度入狱，但很快被释放。道光三十年（1850年）退休。卒于咸丰六年（1856年）至咸丰十一年（1861年）之间，死时年近80岁。

慈禧的父亲名惠征。生于嘉庆十年（1805年）。原是镶蓝旗满洲人，后来改隶镶黄旗。监生出身。道光八年（1828年）为笔帖式。道光十四年（1834年）升为二等笔帖式。笔帖式是满文书官的称谓，是部院等衙门的低级官员，做些抄写和拟稿的工作，相当于后来的文书。道光十九年（1839年）升为八品笔帖式。后来连续升迁为正六品的吏部主事（略高于处长）、从五品的吏部员外郎（副局长）、正五品的吏部郎中（正局长）。道光二十九年（1849年）外升为山西归绥道，任正四品的道员（略高于正局长）。道员是省以下府州以上的高级行政长官。道员是非正式官称，公文直接以区域名为官名，习惯遂成为定制，遂习称为某某道。道员除由知府升补外，也有由京察一等的郎中、御史、编修而升得的。惠征就是由京察一等的郎中而外升为山西归绥道的。咸丰二年（1852年）二月又调任富庶的安徽徽宁池太广道。咸丰三年三月因逃避太平军的追击而被撤职罢官。咸丰三年六月初三日（1853年7月8日）病死在江苏镇江，终年49岁。

画珐琅"大吉"葫芦瓶。此瓶为慈禧太后庆寿时广东进贡的高级贡品

综上，慈禧的曾祖父吉郎阿任从五品的户部员外郎（副局长），祖父景瑞任正五品的刑部郎中（正局长），父亲惠征任正四品的安徽徽宁池太广道（略高于正局长）。他们担任的官职相当于现在的局级干部，也算是中高级干部了。慈禧的前三代是清朝的中高级官员，家庭生活是很好的。景瑞虽曾一度入狱，但很快就被释放，又官复原职，并没有影响他们的家庭生活。惠征被罢官是在慈禧入宫当贵人一年多之后。因此，对慈禧一家的生活也没有造成多大的影响。

惠征虽然在北京、山西、安徽等地为官，但慈禧的家庭长期住在北京，即慈禧的籍贯是北京。

慈禧的祖籍，正史有明确记载。《清史稿》记道："孝钦显皇后（慈禧），叶赫那拉氏，安徽徽宁池太广道惠征女。"《玉牒》记道："兰贵人那拉氏，道员惠征之女。"《清列朝后妃传稿》（下）记道："文宗（咸丰帝）孝钦显皇后（慈禧），叶赫那拉氏，满洲镶黄旗人。（《实录》咸丰十一年十二月谕：慈禧皇太后母家着抬入镶黄旗满洲）

黄地"万寿无疆"大碗，底书"长春同庆"四字。慈禧庆万寿时用

慈禧十大谜案破解

养心殿西暖阁

父惠征，安徽徽宁池太广兵备道。"此书还明确记载，慈禧的母亲为富察氏，封一品夫人。慈禧兄妹四人，慈禧为大姐，妹妹其次，大弟照祥，二弟桂祥。这些正史记载，都明白无误地说明了慈禧是满族人，是叶赫那拉氏，其家族长期居住在北京。

此外，还有如下证据。

第一，发现了慈禧之妹选秀女的"排单"。清朝自顺治帝始，在满、蒙、汉八旗中，每三年挑选一次秀女。参与选秀的女孩自 14 岁至 16 岁。选中者或成为皇帝的妃嫔，或被赐给皇室子孙做福晋。《养吉斋丛录》记载："应选女子入神武门，至顺贞门外恭候。有户部司官在彼管理，至时太监按班引入，每班五人，立而不跪。当意者留名牌，谓之留牌子。定期复看。复看而不留者，谓之撂牌子。"这"每班五人"，写在一个单子上，谓之"排单"。所谓"排单"，是皇帝挑选秀女时依据的自然情况的底单。

到目前为止，还没有发现慈禧选秀女的"排单"，但是学者发现了

13

清代后妃化妆用的铜
架香水瓶

咸丰五年（1855 年）慈禧之妹选秀女的"排单"。慈禧之妹嫁给了醇郡王奕譞，他们的儿子是光绪皇帝。这个"排单"明确记载：慈禧之妹属满洲镶蓝旗，姓叶赫那拉氏，父亲名惠征。惠征的最高官职做到正四品道员。根据这个"排单"，可以认定慈禧的娘家，在咸丰五年之前，居住在北京西单牌楼劈柴（辟才）胡同。因此，北京应该是慈禧的出生地。

第二，认定了慈禧之父当时在北京为官。慈禧生于道光十五年（1835 年）。此时，慈禧的父亲惠征正在北京。档案记载，惠征道光八年（1828 年）为笔帖式。道光十四年（1834 年）升为二等笔帖式。道光十九年（1839 年）升为八品笔帖式。这个时期，惠征没

老北京东便门角楼

养心殿东暖阁慈禧太后垂帘听政处

有离开北京，其家肯定在北京。为此，慈禧也只能出生在北京。

第三，判明了慈禧之母当时也住在北京。档案记载，慈禧的外祖父惠显，当时在山西归化城（今呼和浩特市）任副都统。归化城距离北京路途遥远，交通不便，慈禧之母富察氏不可能到苦寒的塞外之地去生产。因此，她也只能在舒适的北京家里生产。由此，可以判定，慈禧诞生于北京。

那么，慈禧具体诞生在北京的何处呢？一说是劈柴胡同，一说是方家园。

学者邹爱莲查找清朝档案，得出慈禧娘家在北京先后迁移了三个住处。

第一个住处。咸丰五年（1855 年），慈禧之妹选秀女的"排单"记载，慈禧的娘家"住西四牌楼劈柴胡同"。

第二个住处。咸丰六年（1856 年）"内务府官房租库"的呈稿，明

15

载咸丰帝将"西直门内新街口二条胡同北房一所",赏给惠征家居住。

第三个住处。同治五年（1866年）十二月，慈禧以同治帝名义将"方家园"赏给其二弟照祥居住。

很明显，后两个住处不可能是慈禧的出生地。慈禧之妹选秀女排单所记，慈禧的娘家"住西四牌楼劈柴胡同"，应该是慈禧在北京的出生地，即慈禧出生在北京西四牌楼劈柴胡同。

西四牌楼劈柴胡同已经消亡了。北京市的旧地图上还可以依稀辨别出它的影子。

北京劈材（辟才）胡同。慈禧太后出生地

第二个谜案
慈禧得到咸丰宠幸之谜

咸丰二年（1852 年），那拉氏（慈禧）已是 17 岁的大姑娘了。她出落得俊美可爱，娇媚迷人。恰在这一年，皇太后为咸丰帝挑选秀女。经层层筛选，那拉氏幸运地被选中了。同时被选中的还有后来成为皇后的钮祜禄氏。当时，钮祜禄氏被选为嫔，比那拉氏高一级。那拉氏被选为贵人。

咸丰二年二月十一日（1852 年 3 月 31 日），那拉氏被封为兰贵人。五月初九日（6 月 26 日），18 岁的那拉氏正式入宫，住在长春宫。这长春宫的正殿高悬着乾隆帝的御笔匾额，上书"敬修内则"四个遒劲有力的大字，似在告诫后宫妃嫔要严格遵照祖宗家法行事，谨慎地规范自己的一切言行。

兰贵人看到这四个字时作何感想呢？这位争强好胜的年轻女子是不会受任何规条约束的。她想的是如何不择手段地攫取到更高的权位。但是，谈何容易。

清代后宫妃嫔有严格的等级限制，皇后以下的妃嫔共分七级。第一级是皇贵妃，第二

苍劲的长春宫匾额

19

级是贵妃，第三级是妃，第四级是嫔，第五级是贵人，第六级是常在，第七级是答应。以上统称内廷主位。

当时，那拉氏只是一个贵人，是第五级。那拉氏对她这个地位很不满意。她看在眼里，急在心上。但她深知，不能过于着急，要一步一步来，一个等级一个等级地去争取。实践证明，那拉氏的努力没有白费，经过两年的努力，她晋为懿嫔；又过两年，晋为懿妃；再过一年，晋为懿贵妃。也就是说，只经过短短五年的

慈禧手持折扇正面照

时间，那拉氏便由第五级的兰贵人跃升为第二级的懿贵妃了。此时的那拉氏已经22岁了。在咸丰帝的眼里，她是越发的美丽了。

那拉氏在众多的妃嫔中脱颖而出，固然有天赐的自然机缘，但也不能否认独造的人为因素。从某种程度讲，这独造的人为因素正是天赐的自然机缘的前提。在妃子如林、宫女如云的宫廷内部，一个年轻的妃子要想尽快超升，只有获得皇帝的青睐和宠幸。那么，那拉氏是怎样获得咸丰帝宠幸的呢？这要先从咸丰帝谈起。

一　追求声色的咸丰帝

咸丰帝是个悲剧人物，他是个忧患皇帝和风流天子。咸丰帝生于道光十一年六月八日（1831年7月16日），死于咸丰十一年七月十七日（1861年8月22日）。他18岁当皇帝，31岁病死，在位约12年。

说他是忧患皇帝，是因为他在位的 12 年，在他看来，没有一天是平安无事的。对咸丰帝来讲，内忧外患无一日不在。

内忧是指以太平天国为首的全国性的农民大起义。1851 年 1 月 11 日，在洪秀全 38 岁生日这天，拜上帝会宣布起义，建号太平天国。而此时，咸丰帝即位刚刚 8 个月。这对年仅 18 岁的青年皇帝咸丰是个沉重的打击。咸丰三年三月二十九日（1853 年 5 月 6 日），太平军攻入南京，改南京为天京，定天京为太平天国首都。太平天国起义历时 14 年，遍及 18 省，几达大半个中国。咸丰帝死后三年，这个大起义才被镇压下去。也就是说，太平天国大起义伴随了咸丰帝一生。

外患是指英、法、俄、美诸列强酝酿与发动的侵略中国的第二次鸦片战争。1856 年，诸列强发动了第二次鸦片战争。在这之前就处于酝酿阶段，然后步步升级。他们先攻广州，次攻天津，再攻北京，直逼得咸丰帝北逃热河。

一个年轻皇帝，对内要对付中国历史上规模最大、历时最久的一次农民大起义，对外要对付武装到牙齿的英、法、美、俄世界上几个最大的资本主义强国的侵略，他感到力不从心，捉襟见肘。可以说，一个年轻而软弱的皇帝遇到了复杂且艰难的局势。

不仅如此，咸丰帝还是个不争气的风流天子。他即位之初，年轻气盛，也想干一番大事业，挽救岌岌可危的清王朝的统治。汉史氏说："观其初政，非不思振作有为。曾不数年，晏安如故。"

追求声色的咸丰帝

21

他久居宫内，初涉政坛，对国内国外情况，均不甚了了。面对风云变幻的局势，他一筹莫展，便开始追求声色，贪图玩乐了。

他恋女色。《满清外史》载：

> 已而洪杨之乱日炽，兵革遍天下，清兵屡战北，警报日有所闻。奕诒（咸丰帝）置不顾，方寄情声色以自娱，暇辄携妃嫔游行园中。

这里的园指的是圆明园。圆明园是一座大型皇家园林，兼有御苑和宫廷两种功能，距北京城40里。自雍正帝始，圆明园便成为清朝历代皇帝春秋驻跸之所，即是夏宫。圆明园景观各异，宛若画境，且礼节比紫禁城的要求可疏简些。皇帝为求舒适与方便，都愿意住在这里，前朝皇帝于三四月始入园，八月往热河木兰秋狝，然后回宫。咸丰帝比前任有过之而无不及，极为贪恋园居。他是刚过新年即赴园。热河秋狝后，尚须返园，至十二月始还宫。或者干脆不往秋狝，一直在园中住下去。其原因在于宫禁森严，必须恪守祖制，不得纵情声色。所以，咸丰帝托言因疾颐养，在园内耽延时日。

园居久了，在他眼前转来转去的全是清一色的满洲女子，不免生厌，便琢磨起婀娜多姿的汉族女子来。本来清代家法极严，入关之初，顺治帝之母庄妃，因福临春秋未壮，恐他日惑于女色，因于宫门外竖二块铁牌，上书："敢以小脚女子入此门者斩。"小脚女子是指汉族女子，因满族女子是不缠足的。然上有所好，下必甚焉。祖制也是可以打破的。某奸佞大臣为阿谀奉迎咸丰帝，便心生一计，"托言天下多事，圆明园地在郊外，禁御间，夜徼宜加严密。内侍既不敷用，且亲近左右，恐不能周至，今雇民间妇女入内，以备打更，巡逻寝室四周，更番为役。文宗（咸丰帝）旨允之。此数十女子，始得入内。每夕以三人轮值寝宫外，人执梆铃一，入夜则于宫侧击之。文宗因召入，随意幸焉"。理由可谓冠冕堂皇，然不过是为满足咸丰帝的变态需求而已。

以后，咸丰帝在这数十名年轻貌美的汉女中挑选出更为佳丽动人的，加以位号，这就是人们所说的四春。"文宗渔色，于圆明园隅，暗藏春色，谓之四春，世竞传之。"这四春是牡丹春、海棠春、杏花春、陀罗春。她们都是良家女子，是被迫入宫的。《清稗类钞》对四春的称呼不同："园中侍有五春之宠，所谓天地一家春者，乃孝钦后（慈禧）所居。其杏花春、武陵春、海棠春、牡丹春，皆汉女分居之。"除四春之外，咸丰帝还钟情于一位曹寡妇。这位山西媚妇，长得美妙绝伦，特别是一双小脚，不到三寸。她的鞋也与众不同，鞋底是菜玉做的，内衬香屑，鞋尖缀着光彩夺目的明珠。入宫后，"咸丰帝最眷之"。

咸丰帝因近女色，不得不借助于秘药。《十叶野闻》记下了一个故事：

咸丰中，贵阳丁文诚翰林。一日，上疏言军事，上大嘉赏，特命召见。上方驻跸圆明园。文诚于黎明诣朝房，候叫起。时六月初旬，天气甚热，丁方御葛衫袍褂，独坐小屋内。忽顾见室隅一小几，几上置玻璃盘一，中贮马乳葡萄十数颗，极肥硕，异于常种，翠色如新撷者。私讶六月初旬，外间葡萄结实，才如豆耳，安得有此鲜熟者。方渴甚，遂试取一枚食之，觉甘香迥异常品，因复食二三枚。俄顷，腹中有异征，觉热如炽炭，阳道忽暴长，俄至尺许，坚不可屈，乃大惊。顾上已升殿，第一起入见已良久，次即及己，无如何，则仆地抱腹婉转号痛。内侍不得已，即令人掖以出，然尚不敢起立，亦不敢仰卧。其从者以板至，侧身睡其上，舁归海淀一友人家中。友，故内务府司官，习知宫内事，询所苦。文诚命屏左右，私语以故。友曰："此媚药之最烈者。禁中蓄媚药数十种，以此为第一，即阉人服之，亦可骤生人道。与妇人交，药力弛则复其初。此必内监窃出，未及庋藏，而君误食之尔，然亦殆矣。"急延医诊视，困卧十余日始起。

23

这位文质彬彬的翰林总算机智，装病脱险，没有露丑。但这媚药是咸丰帝所用则是无疑的。

为补阳气之不足，咸丰帝常饮鹿血。他常近女色，毫无节制，身体越来越差。问御医如何才能使身体强壮起来，御医对症治疗，建议他可以饮鹿血，借以补阳分之虚亏。咸丰帝立命养鹿100余匹，每天都喝鹿血。北逃热河时，他还想带着这些鹿走，但由于兵荒马乱，未能如愿。

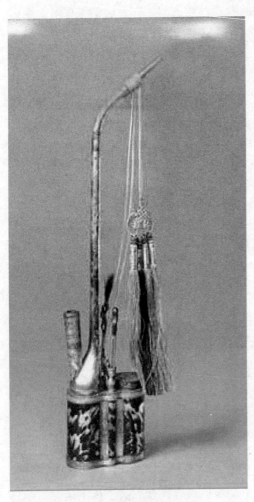

清代帝后使用的镀金水烟袋

咸丰帝还是个酒徒。但一饮即醉，一醉便耍酒疯。"文宗嗜饮，每醉必盛怒。每怒必有一二内侍或宫女遭殃，其甚则虽所宠爱者，亦遭戮辱。幸免于死，及醒而悔，必宠爱有加，多所赏赐，以偿其苦痛。然未几而醉，则故态复萌矣。"大概他心中苦闷，借酒浇愁，拿人泄愤吧？

他有些艺术细胞，爱看戏，有时亲当导演，甚至粉墨登场。无论是在紫禁城，在圆明园，还是在热河行宫，他都经常点戏看。他亲自指导太监演戏，教过《教子》《八扯》等戏，并学习演唱过《朱仙镇》《青石山》《三岔口》《平安如意》《四盟山》《问路》《羊肚汤》等戏。他当皇帝真不如当个演员更合适。

他还吸鸦片。即位不久，他就吸上了鸦片烟。这种烟叫益寿如意膏，又称紫霞膏。太平军所向披靡，占领了半个中国，他"宵旰焦劳，恒以此自遣"。北狩热河后，江山有失掉的危险，他"更沉溺于是"，此时吸的鸦片叫福寿膏。

咸丰帝就是这样一个不争气的风流皇帝。他恋女色，吃媚药，饮鹿血，嗜醇酒，喜观剧，吸鸦片，整天过着花天酒地、醉生梦死的生活。他本来体质就差，还因骑马受过伤。那是"为皇子时，从猎南苑，驰逐群兽之间，坠马伤股。经上驷院正骨治之，故终身行动不甚便"。咸丰初，京中市井语有"跛龙病凤掌朝堂之谣，谓慈安善病也"。可见，他是个行动不便的"跛龙"。加之纵情声色，所以"体多疾，面带黄"。

看着一天天衰弱下去的皇帝不知何时会丢下她们而去，那拉氏忧心如焚。面对咸丰帝的玩世不恭，温良的皇后钮祜禄氏束手无策。工于心计且抱负远大的那拉氏，既看到皇帝不久于世，又深知皇后无能为力。那么，就只有靠自己。

宁静的长春宫

那拉氏在谋划着攫取最高的皇权。

二 抱负远大的那拉氏

那拉氏之所以得到咸丰帝的宠幸，是有原因的。

一是姿容超群，美貌无双。她天生丽质，无与伦比。她曾得意地对别人说："入宫后，宫人以我美，咸妒我，但皆为我所制。"美到遭人嫉恨的程度，可见有多么美了。《十叶野闻》记载了咸丰帝迷恋那拉氏的情景："当文宗（咸丰帝）初幸慈禧之日，颇有惑溺之象，《长恨歌》中所谓'春宵苦短日高起，从此君王不早朝'者，仿佛似之。"大有唐明皇爱慕杨贵妃的浪漫味道哩！

二是聪明伶俐，善体人意。智慧卓荦不凡，性格机敏善变。这为那拉氏邀得专宠提供了不可或缺的契机。《满清外史》记道："少而慧黠。"《清稗类钞》记道："有机智，遇事辄先意承旨，深嬖之。"《慈禧外纪》记道："以己之聪明智慧，遂蒙帝宠。"与手握生杀大权的皇帝

从长春宫院内戏台看长春宫。慈禧刚入宫时就住在长春宫

慈禧十大谜案破解

长春宫妃嫔卧室。同治、光绪时期，慈禧太后曾在此殿居住数年

相伴，要想获得宠幸，善于揣摩皇帝的深层思想是必备的能力。那拉氏正具有这一特殊的能力。

三是书法端腴，代批奏章。那拉氏天分极高，在圆明园居住时，"因日习书画以自娱，故后（慈禧）能草书，又能画兰竹"。那拉氏垂帘听政后，经常书写大幅的福、寿字赠给大臣们。这些草书的大字是蛮有功夫的。但是，我们所能看到的唯一的一份那拉氏的手书，即罢免恭亲王奕䜣一切职务的上谕，计224字，其中错别字竟达11个，且语句不甚通顺，足见那拉氏原来文化水平不高。当然她的楷书还是临过帖的，说"书法端腴"，不算为过。那拉氏喜欢读书，有的记载她："西后先入宫，夏日单衣，方校书卷。"炎炎夏日，她还在埋头读校古书，不能说学习热情不高。咸丰帝寄情声色，懒于国事。有些奏章，就让那拉氏代阅，"时时披览各省章奏，通晓大事"。甚至个别奏章，命那拉氏代笔批答。《慈禧传信录》说："时洪杨乱炽，军书旁午，帝有宵旰

27

劳瘁，以后（懿贵妃）书法端腴，常命其代笔批答章奏，然胥帝口授，后（懿贵妃）仅司朱而已。"《剑桥中国晚清史》说："叶赫那拉（懿贵妃）曾为先帝整理奏折。"

华丽的长春宫东稍间

大约开始是慈禧协助整理奏折，继而阅览各省章奏，后来是由咸丰帝口授，她仅记录而已。这是一个由简到繁的过程。那拉氏当

养心殿西稍间三希堂

时还不具备处理奏章的政治经验和广博知识，况且咸丰帝也不会放手把如此重要的政务交给她。然而，即便如此，她也会因此而博得咸丰帝的欢心。

四是相机而行，参与政事。据说，关于任用曾国藩去镇压太平军一事，那拉氏是起了作用的。《慈禧外纪》说："劝咸丰帝任用曾国藩，节制各师，借给湘军粮饷，无有缺乏。曾国藩得以平定粤匪，慈禧之力也。"同时，那拉氏也有意识地

兰桂齐芳夹衬衣。取兰花和桂花的谐音。兰花，因慈禧乳名兰儿；桂花，因慈禧入宫之初封为兰贵人。兰桂齐芳，寓意慈禧之花，欣欣向荣，永不凋谢。此衣可能是专为慈禧制作的

向咸丰帝建言，议论政事。《慈禧传信录》说："迨武汉再失，回捻交作，帝以焦忧致疾，遂颇倦勤，后（慈禧）窥状渐思盗柄，时于上前道政事。"咸丰帝如正在焦思积虑时，她恰好进一言，也许会博取好感。但是，清朝皇帝一般不准后宫参与政事。时间一久，"帝浸厌之，尝从容为孝贞后（慈安）言妃机诈"。一旦发现咸丰帝不满，那拉氏便急流勇退，"后（懿贵妃）亦敛迹"，马上蛰伏起来。善观风色的那拉氏，能相机行事，

彩绘金龙女朝袍，冬季重要场合用。慈禧太后穿过类似的女朝袍

知道进退。

五是诞生皇子，地位愈宠。咸丰帝沉迷那拉氏，时有召幸。那拉氏终于在入宫四年时，即咸丰六年三月二十三日（1856 年 4 月 27 日）生了个儿子。这是咸丰帝唯一的儿子，是为载淳。母以子贵，那拉氏的地位发生了急遽的变化。《清皇室四谱》记道："六年三月生皇子，是为穆宗（同治帝）。旋诏晋懿妃，十二月行册封礼。七年十二月晋懿贵妃。"可见，那拉氏地位的遽变，关键是因为她诞育了

清朝贵妃凤冠。慈禧被封为懿贵妃

咸丰帝唯一的皇子。因此，她才由第四级的嫔，而为第三级的妃，而为第二级的贵妃了。因无皇贵妃，所以实际上，除皇后外，她已跃居后宫第二位了。但由于备受宠幸，且诞育了皇子，其实际地位已在孝贞皇后之上了。咸丰帝寄情声色，切盼得子；那拉氏声色兼备，恰诞一子。那拉氏既凭借与生俱来的自身特有的优选条件，又利用了咸丰帝对声色的追求迷恋，所以，她妃嫔的品级急速晋升。

艳丽的外貌、机敏的性格、端腴的书法、恰当的进言和唯一的皇子，这一切就构成了那拉氏得宠的原因。实质上，她的角色已经成为后宫第一位了。

［附录］同治帝是否为慈禧所生之谜

同治帝载淳是那拉氏所生吗？野史稗乘有说载淳不是那拉氏亲生的。这里有两说，一为后宫某氏说；一为以女换男说。

后宫某氏说。《清稗类钞》记道：

> 穆宗（同治帝）为孝钦后（慈禧）所出，世皆知之。或曰，实文宗（咸丰帝）后宫某氏产，时孝钦无子，乃育之，潜使人鸩其母，而语文宗已产子月余矣。文宗闻之大喜，因命名曰载淳，封孝钦为贵妃。

即是说，同治帝载淳是后宫某氏产，那拉氏夺其子，并鸩其母。然后谎报咸丰帝，她产子已经一个多月了。

以女换男说。今人小说家苗培时先生著《慈禧外传》，笔力恣肆。关于那拉氏生子一段的描写更是妙笔生辉。他即采用了以女换男说。小说里写到，那拉氏生了个女儿，然而宠监大总管安得海，勾结老太监汪昌，买通盲人稳婆刘姥姥，从宫外偷偷换了个男孩，即是同治帝。但是，这一行径是安得海一手导演的。既瞒过了咸丰帝，也瞒过了那拉氏。后来，拘押了稳婆，直至稳婆死去，给以厚葬。小说不同于历史。历史小说，在不违背历史真实的前提下，允许并且应该进行艺术的虚构。苗培时先生关于那拉氏生子的描写，读来令人信服。小说家这样写，自有其道理。

但是，从档案记载看，无论同治帝的生母是后宫某氏说，抑或同治帝是以女换男说，都是不能成立的。其理由是：

第一，从那拉氏之母进宫陪伴来看。根据清宫的规定，妃嫔怀孕八个月左右，其生母可以进宫陪伴一段时间。这是一条比较有人情味的规定。除此之外，一般是不允许进宫陪伴的。现故宫博物院藏有《懿

慈禧佩戴的古钱纹指甲套

31

丽景轩。储秀宫后殿，与储秀宫同期建成。慈禧太后为懿嫔时，在此诞生了同治帝。从此身价大增。光绪十年（1884年）慈禧移住储秀宫时，将此殿定名为丽景轩。因是同治帝的诞生地，慈禧对此殿寄予深情

妃遇喜大阿哥》档册，其中记道："咸丰五年十二月二十四日，内殿总管韩来玉传旨：本月二十六日，懿嫔之母进苍震门至储秀宫住宿。钦此。"到了十二月二十六日巳正三刻（上午10时45分）懿嫔之母及其家下妇人二名，由东六宫前部的苍震门进来，到了那拉氏住的储秀宫。可见，那拉氏已怀孕八个月左右，咸丰帝心中有数，所以才传旨命其母进宫。

　　第二，从为那拉氏分娩所做的充分准备来看。主要有四个方面：一为刨喜坑。先由钦天监博士张熙选定喜坑地点，然后由韩来玉带人刨好喜坑，再由姥姥二名念喜歌，放筷子，放红绸子及金银八宝。刨喜坑以便掩埋胎盘、脐带。放筷子、红绸子，取快生子大吉大利之意。二为选精奇呢妈妈里、灯火妈妈里、水上妈妈里。这些妈妈里都是侍候那拉氏的。那拉氏各选二名，都是镶黄、正黄二旗披甲人或苏拉之妻。又选接

生婆姥姥二名，大夫六名。他们都于二月初三日卯正（上午 6 时）开始上夜守喜，轮流值班，至分娩后的 12 天，即小满月时止。三为准备新生儿穿用的衣物，即吗哪哈。这包括春秋小袄 27 件，白纺丝小衫 4 件，单幅红春绸挖单 1 块，红兜肚 4 个，潞绸 18 床，蓝高丽布褥 10 床，蓝扣布褥 1 床，蓝高丽布挡头 1 床，白高丽布挖单 33 个，白漂布挖单 3 个，蓝素缎挡头 2 个，石青素缎挖单 1 块，红青纱挖单 1 块，白布糠口袋 2 个，白纺丝小带 4 条，挂门大红绸 5 尺，蓝扣布挖单 10 个，白漂布小挖单 26 个，共用各种绸料 156 尺 4 寸，各色布料 10 匹。四为准备接生用具。这包括大小木槽 2 个，木碗 2 个，木锨 1 张，小木刀 1 把。这是分娩时处理胎盘、脐带用的。还要由武备院准备长 6 尺、宽 4 尺的黑毡 1 块，由造办处准备吉祥摇车 1 座。

从以上刨喜坑、选妈妈里、准备吗哪哈和分娩用具来看，那拉氏怀孕是无疑的。否则不会兴师动众、大动干戈的。

第三，从御医诊断来看。正月二十四日，太医院院使栾泰、御医李万清和匡懋忠，曾"请得懿嫔脉息和平"，认定"系妊娠七个月之喜"。三月初九日，御医得脉象系妊娠近九个月。决定挑嬷嬷，讨易产石。三月初十日，两位嬷嬷取脉，认为在三月底四月初分娩，并把临产时起保佑和镇邪作用的易产石和大棱蒸刀拿来。种种迹象表明，产期就要到来了。

第四，从生子过程来看。三月二十三日，约在午时，总管韩来玉向咸丰帝奏报：三月二十三日巳时，懿嫔坐卧不安。随奴才韩来玉问姥姥□氏，说似有转胎之象。"后又奏："三月二十三日未时（下午 2 时左右），懿嫔分娩阿哥，收拾毕。奴才带领大方脉、小方脉（按：系成人内科和小儿内科大夫），请得懿嫔母子脉息均安。万岁爷大喜！"

当时御医见阿哥神色脉纹俱好，就用福寿丹开口。韩来玉奏报过皇帝后，随即报告皇后，又通知皇室其他成员。同日，咸丰帝封懿嫔为懿妃。"三月二十三日，小太监平顺交出朱笔一件：懿嫔着封为懿妃，钦此。"于当年十二月，才举行册封典礼。

第五，从产后御医用药来看。清祖制，皇子生下来，无论嫡庶，即有保姆抱出，由乳母哺喂。"一皇子例须用四十人，保姆八，乳母八，此外有所谓针线上人，浆洗上人，灯火上人，锅灶上人；至绝乳后，

懿妃册文。这件册文是咸丰六年（1856）十二月晋封懿嫔为懿妃时颁发的封册。其中汉文三页，满文五页

去乳母，添内监若干人为谙达。"为了让乳母下奶，规定"每日用鸭子半只，或肘子、肺头、轮流食用"。既然作为生母的那拉氏不亲自哺乳，就必须使之回乳。因此御医请得懿妃脉息沉滑，系产后恶露未畅，肠胃干燥之症。今议用回乳生化汤，午服一帖调理。这帖回乳生化汤服过后，很起作用。四月初三日档册载，"栾泰、李万清、匡懋忠，请得懿妃脉息沉缓，诸症俱减，乳汁渐回，结核亦消"。

　　慈禧如没生孩子就不会有这种反应，也就不用下药了。

　　综上可知，同治帝载淳应是那拉氏亲生。同治帝载淳是后宫某氏生说和以女换男说，都是不能成立的。

第三个谜案
慈禧发动辛酉政变之谜

　　在第二次鸦片战争中，咸丰帝在英法联军的逼迫下，于咸丰十年
（1860年）八月八日北逃热河（今承德市）。路上且走且停，走了8天，
于八月十六日抵达热河行宫。咸丰帝身体本来羸弱，加之京城失守，北
逃热河，心情更加郁闷。虽千方百计寻欢作乐，也解不了心头的烦恼，
病情越来越重。

避暑山庄观莲所。咸丰帝带领懿贵妃等在此赏莲

避暑山庄浮片玉戏台。咸丰帝和懿贵妃在此观戏

不到一年，咸丰十一年七月十六日（1861 年 8 月 22 日），咸丰帝在热河避暑山庄的烟波致爽殿，撒手人寰。

七月十七日，咸丰帝病逝后，立刻颁布遗诏。遗诏进一步强调了皇位的嬗递与大臣的辅弼，都是咸丰帝钦定的，是合法的。七月十八日，内阁奉上谕，皇后钮祜禄氏和懿贵妃那拉氏被尊为皇太后。钮祜禄氏为母后皇太后，那拉氏为圣母皇太后。

咸丰十一年（1861 年）九月三十日，两宫皇太后回銮，到达京郊石槽，立即"召见恭王"，发动政变。

从咸丰帝病逝，到两宫皇太后发动政变，也只有两个多月的时间。因为政变发生在辛酉年，故称辛酉政变。辛酉政变是一个成功的大政变。政变之后，两宫皇太后，尤其是慈禧实现了清朝历史上的第一次垂帝听政。

这次惊心动魄的大政变，清朝正史，如《清实录》《清史稿》等，都语焉不详。好在发现了《热河密札》等关于辛酉政变的第一手史料，才使此次政变的内幕大白于天下。这次政变的起因是什么，政变是如何谋划的，政变的运作过程如何，政变是怎样发动的，等等，这些历史的谜案，等待史家合理的解说。

避暑山庄山门

一　巧妙地躲过了钓弋之祸

在热河行宫，面对多病的咸丰帝，最焦躁的是懿贵妃。她不满咸丰帝的近臣肃顺们在热河的所作所为。

肃顺（1816—1861年），字雨亭、豫庭。满洲镶蓝旗人，爱新觉罗氏，郑亲王乌尔泰阿第六子。道光十六年（1836年）授三等辅国将军，委散秩大臣。后任前引大臣、署銮仪卫銮仪使，奉宸苑卿。官职低微，不为所重。

咸丰元年（1851年），怡亲王载垣与肃顺异母兄郑亲王端华，升迁宗人府宗正，领侍卫内大臣，遂荐举肃顺"入内廷供奉"，从此发迹。擢内阁学士，兼蒙古副都统、护军统领、銮仪使。肃顺"善于迎合上旨"，常常和咸丰帝谈论天下大事，直抒匡见，"言无不尽"，表现出机

39

敏多谋、敢于任事的才能，得到咸丰帝的赏识。咸丰四年（1854年），授御前侍卫，迁工部左侍郎，调正蓝旗满洲副都统，礼部左侍郎。咸丰七年（1857年），历署正红旗汉军都统、兵部尚书、理藩院尚书，充阅卷大臣，赐紫禁城骑马。咸丰八年（1858年），调任礼部尚书，户部尚书。咸丰九年（1859年），署正白旗领侍卫内大臣，命在御前大臣上学习行走。咸丰十年（1860年），授御前大臣，署领侍卫内大臣、内务府大臣，命以户部尚书协办大学士。

　　肃顺逐渐成为清廷统治中枢的核心人物。

　　户部尚书肃顺、怡亲王载垣、郑亲王端华等三大臣，把持朝政，颐指气使，引起关心政坛的懿贵妃的不满。肃顺也发现懿贵妃不是一盏省油的灯，也许在不经意间流露出对懿贵妃的担心，而引起咸丰帝的警惕，由此产生了要对懿贵妃行使钩弋故事的冲动想法。

　　懿贵妃面临着一场生死较量。

面带微笑的慈禧太后正面像

　　所谓钩弋故事，就是汉武帝幽闭钩弋夫人的事。钩弋夫人，汉代河间人，姓赵，汉武帝的妃子，封号婕妤，史称赵婕妤。因居住在钩弋宫，被称为钩弋夫人。钩弋夫人因生子颇受宠爱，汉武帝欲将其子立为太子，然而害怕将来主少母壮，母后干预朝政，因此借故将她幽禁，后来死于云阳宫。汉武帝立她的儿子为太子，就是后来的汉昭帝。钩弋故事的中心意思是杀母而留其子。

据说，咸丰帝曾想对懿贵妃实行钩弋故事。《清稗类钞》载：

　　（懿贵妃）有机智，遇事辄先意承旨，深嬖之。未几，生穆宗（同治帝），进封为妃。迨贵，渐怙宠而肆骄，久之，不能制。适粤寇（太平天国起义）难发，文宗（咸丰帝）忧勤国是，丛脞万端，乃得以弄权宫掖。文宗浸知之，渐恶其为人。肃顺者，才略声华为宗室冠，文宗素倚重之。孝钦（懿贵妃）知文宗且疏己，隐冀得肃以自援，而肃则以谂知后之往事，良轻后（懿贵妃），后因是衔肃。一日，文宗于宫沼为春日泛舟之戏，后（懿贵妃）自陈寓南方久，习操舟技，乃亲理篙楫以侍。讵文宗立未定，而后篙遽下舟为之侧，文宗颠堕水，创其足，文宗乃深憾后。会又有间后者，以那拉将覆满洲诅咒之说进。文宗乃拟致之死，尝谓肃曰："朕不日将效汉武帝之于钩弋夫人故事，卿谓何如？"肃（肃顺）懔龄，不敢置

烟波致爽殿西暖阁御床。咸丰帝和懿贵妃曾住于此

41

一词。后（懿贵妃）闻之，愈衔肃（肃顺）。

这一段写了四层意思。

第一层，是说咸丰帝由宠爱到厌恶懿贵妃的原因，主要是因她"弄权宫掖"。

第二层，是说懿贵妃想笼络肃顺，但肃顺很轻视她，于是他们之间结下了冤仇。

第三层，是说咸丰帝因懿贵妃操舟落水而怀恨在心，并萌生效钩弋故事的想法。

第四层，是说咸丰帝把此想法同肃顺商量，肃顺十分恐惧，不敢多说一句话，以免贾祸。但是，此事传到懿贵妃的耳朵里，懿贵妃因而更加仇恨肃顺了。

懿贵妃虽然大难当头，但咸丰帝心中不忍，终于没有出此一策。乖觉的懿贵妃巧妙地躲过了人生一劫。

二　幸运地得到了上方印鉴

咸丰帝在弥留之际，看到留下的孤儿寡母，心中的酸楚油然而生，就特别赐给了孝贞皇后和幼子载淳各一方印鉴，幼子的印鉴归懿贵妃掌管。这两方印鉴起到了极大的作用。

31 岁的咸丰帝，由于不加节制，病情愈益加重了。一年间，诸病缠身，每况愈下，迫使他不得不考虑皇权的交接问题。他思忖着，皇后慈安方 25 岁，懿贵妃仅 27 岁，皇子才 6 岁。如他一旦离去，留下的便是势孤力单的孤儿寡母。咸丰帝必须设想一个万全之策，以使皇权不致旁落。

结合历史经验，经过苦思冥想，他首先设计了一个庞大的顾问班子。

咸丰帝追溯到了幼年即位的先祖，只有 6 岁的顺治帝福临和 8 岁的

慈禧十大谜案破解

清帝寝宫烟波致爽殿，咸丰帝在此殡天

康熙帝玄烨。他总结历史教训，感到顾问班子二人不行，太少。52 岁的皇太极无疾而终后，其第九子 6 岁的福临即位，辅政大臣为同姓的郑亲王济尔哈朗和睿亲王多尔衮。后来，多尔衮排挤了济尔哈朗，攫取了皇权。这就是说，二人不行，太少，如其中一人图谋不轨，排挤另一人，极易造成皇权由该人独揽。

　　那么，四人行不行呢？也不行。24 岁的顺治帝福临患天花死，8 岁的玄烨登基。其祖母孝庄太皇太后和玄烨一起主政。孝庄太皇太后鉴于前车之鉴，第一不敢用同姓王，第二不敢用叔辈王。而特意任命了异姓四大臣索尼、苏克萨哈、遏必隆、鳌拜为辅政大臣，参与辅政。但经三下五除二，大权还是被狂妄专恣的鳌拜独揽。只是后来工于心计的康熙帝玄烨，在韬光养晦的祖母孝庄太皇太后的支持下，智擒了专横跋扈的鳌拜，才使皇权归一。可见，四人也是不行的。

鉴于此，咸丰帝考虑索性设立一个八人的庞大的顾问班子，以使他们互相牵制，免得大权旁落。顾命大臣如此之多，这也是咸丰帝的一个创举。

于是，他在临死前口授遗嘱，任命了八位顾命大臣"赞襄政务"。

咸丰十一年（1861年）七月十六日，病危的咸丰帝发下两道谕旨。

第一道谕旨："奉朱谕：皇长子御名（载淳），着立为皇太子。特谕。"

这是以备载淳将来继承皇位。

第二道谕旨："奉朱笔：皇长子御名（载淳）现立为皇太子，着派载垣、端华、景寿、肃顺、穆荫、匡源、杜翰、焦佑瀛，尽心辅弼，赞襄一切政务。特谕。"

顾命八大臣是怡亲王载垣，郑亲王端华，户部尚书肃顺，御前大臣景寿，军机大臣穆荫、匡源、杜翰、焦佑瀛。他们的实际首领是户部尚

烟波致爽殿东暖阁，清帝接受后妃朝拜处

书肃顺。由他们"尽心辅弼，赞襄一切政务"。

尽管如此，咸丰帝感到仍不可靠，必须给予皇后和皇贵妃特别的权力，也使她们能够在关键的时刻自保，并借以保护皇子。

同道堂与御赏印

因此，赐给皇后一方"御赏"印；赐给小皇帝一方"同道堂"印，此印由懿贵妃掌管。并申明，凡谕旨，起首处盖"御赏"印，即印起；结尾处盖"同道堂"印，即印讫。只有盖了这两方印鉴，谕旨方才生效。这两方印鉴非同小可，它是皇权的象征。

《热河密札》第十二札记道："两印均大行皇帝所赐，母后用御赏印，印起；上（皇帝）用同道堂印，印讫。凡应用朱笔者，用此代之，述旨亦均用之，以杜弊端。"皇帝刚死，停棺待葬，叫大行皇帝，也叫大行。《清后外传》记道："文宗临崩，以印章二赐孝贞后及帝。后曰御赏，帝曰同道堂。凡发谕旨，分钤起讫处。""同道堂印后由孝钦后（慈禧）执用，想因穆宗（同治帝）年幼，故孝钦代钤。母后圣母，两宫分负其责焉。"

咸丰帝赐给皇后和幼帝的两方印是有深意的。他遗命八位王大臣辅弼幼主，而不是一两位，说明他考虑到了不使权力倾斜于一两人之手，造成王大臣大权独揽的局面。因为人多，八位王大臣可以互相牵制。这是一方面；另一方面，为使八大臣一心扶持幼主，又赏给了皇后和幼帝两方印，代替朱笔，不钤印的谕旨不生效。这就授予了皇太后与幼帝某种程度的否决权。

实践证明，这两方印鉴起到了遏制顾命八大臣权力的重要作用。

三　秘密地谋求了恭亲王配合

咸丰帝死后，顾命八大臣原形毕露，欲大权独揽。

咸丰帝设计的权力分配格局，不是急切仓促之举，而是深思熟虑的结果。二位皇太后和幼帝为一方，八位王大臣为一方，不突出任何一方，缺任何一方又不可。这既不是垂帘，又不是辅政，而是"垂帘辅政，兼而有之"。这就是咸丰帝所设计的政治格局。其特点是多方牵制，其指导思想是权力制衡。《清史稿》说："辅弼充位，悉出庙算。"是有道理的。《剑桥中国晚清史》评道："但并不是把权力全部授予他们。由于他们只受权赞襄，所以不能合法地启用通常代替朱批的御玺。他们不得不求助于两位皇太后固有的权力。因为母后的地位能够合法地代表幼主使用御玺。"这个分析是中肯的。咸丰帝自以为谋算得天衣无缝，不会出什么问题，他可以放心地走了。但还是出了问题，而且出了大问题。

问题出在八位王大臣欲想皇权独揽上，即独霸皇权。而他们的企图是从谕旨事件暴露出来的。百密一疏。咸丰帝设想得再周全，也还是有漏洞。谕旨的事情，他就没有交代明白。关于谕旨的拟定、呈览、修改、颁发等，他就没有说过一句话。

两宫皇太后与顾命八大臣之间的矛盾很快便暴露无遗。两宫皇太后在避暑山庄的澹泊

烟波致爽殿的"戒急用忍"匾

敬诚殿召见顾命八大臣，商议有关谕旨颁发、疏章上奏和官吏任免等重要事项，都应该如何处理。八位王大臣以为有机可乘。

他们乘机明确地提出了自己的见解，其实是向两宫皇太后叫板。他们狂妄地提出："谕旨由大臣拟定，太后但钤印，弗得改易，章疏不呈内览。"这就是说，一是臣下的奏章一律不进呈皇太后阅看；二是皇帝的谕旨由王大臣拟定；三是皇太后只管钤印，没有权力更改谕旨的内容。如若照此办理，两宫皇太后只不过是个木偶式的盖章工具而已。这样明目张胆地暴露自己的心迹，说明他们根本没把这对孤儿寡母放在眼里。他们以为，年轻的寡妇和幼稚的小儿不会有什么能耐，只能任其摆布，俯首就擒。其实，他们犯了一个战略性的错误，那就是完全低估了绝顶聪明的慈禧，虽然她当时只有 27 岁。

慈禧哪肯善罢甘休，她当然要予以反击。谕旨是皇权的重要象征，谁控制了谕旨的颁布权，谁就拥有了最高的皇权。这一点，双方心里都十分清楚。两宫皇太后坚决驳回了他们的奏章。"后（两宫皇太后）持不可"，原则问题，皇太后寸步不让，并明确提出，关于谕旨，她们有授意权、审阅权、修改权、钤印权和否决权，即她们拥有皇帝的一切权力。她们给予八位顾命大臣坚决的反击，断然地亮出了自己的政治底牌。这是一个不可退让的原则问题。双方僵持不下，"议四日"，足足争执了四天。

最后，王大臣终于让步，两宫皇太后取得了第一个回合的胜利。

王大臣完全同意了皇太后的要求，决定大臣的奏章呈皇太后阅看，谕旨由八大臣拟定后呈皇太后审看，如果同意便上下各用一印，应该皇帝朱批的地方也以御玺代之。御玺存皇太后处。至于官吏的任命，则各省督抚等重要职位，由八大臣拟名，请两宫皇太后裁决。其他较次要官吏的任命，则采取掣签法。

这第一回合的交手，两宫皇太后占了上风，实际是西太后占了上风。因东太后权力欲不强，不过她们当时是联合在一起的。这一争论，给她们留下了刻骨铭心的记忆，那就是八位顾命大臣是她们母子掌握皇

47

恭亲王奕䜣青年时期正面像

权的极大障碍。她们也看透了顾命八大臣觊觎皇权的野心。这就促使她们产生了一个想法，有朝一日一定要除掉他们。

两宫皇太后，尤其是西太后，对于顾命八大臣在咸丰帝生前就充满了嫉恨。对于顾命八大臣的实际首领肃顺，更是恨之入骨。肃顺的权力，炙手可热。他和载垣、端华"三奸盘结，同干大政"。咸丰帝一死，他们就拉拢其他五大臣，结成死党，面对孤儿寡母，更是势焰熏天了。

在热河行宫，两宫皇太后处在顾命八大臣的包围之中，她们感到岌岌可危。为此，两宫皇太后议定，要冲破包围，寻求帮助。她们想到了远在北京的恭亲王奕䜣。

奕䜣（1833—1898 年），爱新觉罗氏，道光帝第六子，咸丰帝奕詝的异母弟，自号乐道堂主人。道光帝有九子，第四子是奕詝，第五子是奕誴（过继给惇亲王绵恺），第六子是奕䜣，第七子是奕譞。

奕䜣与奕詝自幼同在上书房读书。奕䜣喜欢习武，曾自制枪法 28 式，刀法 18 式。道光帝看着高兴，就给它们命名，枪法曰"棣华协力"，刀法曰"宝锷宣威"，并赐给奕䜣一把白虹刀，以资鼓励。这表明了道光帝对奕䜣的喜爱。

道光帝在传位给第四子奕詝还是第六子奕䜣的问题上，曾颇费踌躇。经过深思熟虑，道光帝秘密立储时，在秘密谕匣中，写了两份遗嘱，即一匣二谕。把皇位传给了第四子奕詝，同时任命第六子奕䜣为恭亲王。一匣二谕，这是清朝自雍正帝实行秘密建储制度以来绝无仅有的一例。同时，在遗嘱中任命一子为亲王，也是空前绝后的。对奕䜣的这一任命，流露出道光帝对奕䜣的特殊情感。

咸丰帝起初对奕䜣是重用的。即位后，便宣布奕䜣为恭亲王。咸丰三年（1853年）九月，命奕䜣署理领侍卫内大臣，参与京城巡防事宜。十月，命在军机大臣上行走。咸丰四年（1854年），任为领班军机大臣。迭授都统，右宗正，宗令。咸丰五年（1855年）四月，命奕䜣总理行营事务，直至全歼北伐太平军。奕䜣因而得到优叙。

但好景不长。是年（1856年）七月，奕䜣的生母孝静皇贵太妃病重。孝静对咸丰帝奕詝有十几年的鞠育之恩。左右权衡，奕䜣冒昧请求咸丰帝晋封孝静为皇太后。这个奏章惹恼了咸丰帝，认为奕䜣"礼仪疏略"，就下令免去奕䜣军机大臣、宗令、都统职事，仍在内廷行走，重回上书房读书。这是咸丰帝对奕䜣的严惩。

咸丰七年（1857年）五月，奕䜣复授都统。

咸丰九年（1859年）四月，奕䜣加授内大臣。

咸丰十年（1860年），英法联军再次大举入侵。咸丰帝逃往热河，召回谈判不利的怡亲王载垣、尚书穆荫，命奕䜣为"钦差便宜行事全权大臣，督办和局"。形势急转直下，英法纵兵焚烧圆明园，京师陷落。奕䜣不得不与英法签订了和约，即《中英北京条约》《中法北京条约》，随后又签订了《中俄北京条约》。奕䜣奏请议处，咸丰帝发下上谕："恭亲王办理抚局，本属不易。朕深谅苦衷，毋庸议处。"表示对奕䜣的理解。

但是，北京从此便形成了以奕䜣为首的北京集团，这里包括大学士桂良，协办大学士、户部尚书周祖培，吏部尚书全庆和军机大臣、户部左侍郎文祥。

十二月，鉴于外事频繁，奏请设立总理各国事务衙门。这是办理一切涉外事务的总机关，是与世界接轨的具有近代性质的外事机构。咸丰帝采纳了奕䜣的建议，并任命奕䜣主持总理衙门。

奕䜣在办理和局的过程中，得到外国人的好感，认为可以说得通。

但却引起了远在热河的肃顺、载垣、端华等重臣的嫉恨，由此加深了咸丰帝对奕䜣的猜忌。

北京方面关于咸丰帝病重或驾崩的谣言，在朝野上下无限制地扩散着。同时又产生了另一个很能蛊惑人心的谣言：英法联军认为咸丰帝不守信用，企图用同他们接触较多的恭亲王奕䜣代替咸丰帝。这个谣言不会传不到咸丰帝的耳朵里，肃顺们也不会不借机狠进谗言。这样，本有嫌隙的奕䜣、奕䜣兄弟之间的隔膜就愈益加深了。为了打破肃顺集团对咸丰帝的包围，奕䜣屡次奏请亲赴热河行宫。但此时的咸丰帝对奕䜣已经抱有很深的成见，不想见他。就这样，直至咸丰帝病逝，奕䜣也没能踏足热河行宫。

咸丰帝的遗诏，使京城内外、朝野上下大吃一惊。他们没有想到，在顾命八大臣之中，竟然没有恭亲王奕䜣。顾命八大臣中，任何人的血缘关系也没有奕䜣和咸丰帝这么近。奕䜣身肩重任，与洋人谈判，却被排斥在权力中心之外，真是匪夷所思。这样的遗诏，简直不可思议。更有甚者，肃顺集团又借助幼帝载淳的名义发下上谕，命奕䜣等"在京办理一切事宜，毋庸前赴行宫"。连恭理丧仪也把奕䜣排斥在最高领导层之外，既借以贬低奕䜣的政治威信，并割断奕䜣同两宫皇太后的联系，以便从中控制。

恭亲王奕䜣并没有因为自己被排斥在顾命八大臣之外而灰心丧气。他在密切注视着热河行宫的蛛丝马迹。

恰在此时，两宫皇太后把目光投向了远在北京的恭亲王奕䜣。她们知道，如想搞垮危及自家皇权的肃顺集团，必须依靠恭亲王奕䜣。

两宫皇太后深知，恭亲王奕䜣是她们唯一的依靠。她们决定，召见恭亲王奕䜣。

两宫太后已经忍无可忍了，她们本来想向北京派出密使，直接同恭亲王奕䜣联系。但思忖再三，感到既不安全，又耽误时间，就采取了密信联络的方法。

秘密的信函往返，是两宫皇太后和恭亲王奕䜣互通情报的基本方

慈禧十大谜案破解

法。发信之地是方略馆，所用信封是方略馆的公家信封。方略馆的信函传递是保密而快速的。

西太后的妹妹是醇郡王奕譞的福晋，奕譞是奕䜣一党。因之，两宫太后通过西太后之妹，把欲速见奕䜣的想法告诉了奕譞。奕譞再把这个信息转达给其亲信某军机章京。这位军机章京用密札方式，将此信息传递给在京的奕䜣党人军机章京朱修伯。朱修伯转给了文祥，文祥直秉奕䜣。

奕䜣拆阅了密信，在赴热河之前已经完全掌握了两宫太后的真实意图。

本来，在北京的奕䜣，对咸丰帝的遗诏就满腹狐疑。北京集团的人们愤愤不平，也跃跃欲试。恰逢两宫太后来信传见，奕䜣知道，机会来了。他做好了破釜沉舟、背水一战的思想准备。

七月二十六日，恭亲王奕䜣怀着复杂的心绪急切地踏上了北赴热河的行程。他马不停蹄，昼夜兼程，只用了四天时间就到了热河。

八月初一日，晨曦微露，恭亲王就赶到了咸丰帝的灵堂。他悲痛地祭奠了哥哥，失声痛哭，"声彻殿陛"。祭奠之后，按预先密订的计划，两宫太后迫不及待地召见了恭亲王奕䜣。本来八大臣想和奕䜣一同进见两宫太后，但两宫太后下令只召见恭亲王奕䜣。奕䜣以退为进，请郑亲王端华一同进见。端华目视肃顺，肃顺调侃道："老六，你与两宫太后是小叔子和嫂子，何必用我们来陪伴呢！"就这样，两宫太后单独召见了恭亲王。

这次召见时间长达两个小时，谈话的主题是"密商诛三奸之策"。他们详细地密谋策划了铲除顾命八大臣的步骤和方法。

首先，他们密商了发难的地点。奕䜣认为热河是顾命八大臣的势力范围，不易在热河发难，"非还京不可"，"坚请速归"。

其次，他们探讨了外国的态度。两宫太后担心，在北京发动，外国是否会干涉。《热河密札》记道："后（慈禧太后）曰：奈外国何？王（奕䜣）奏：外国无异议，如有难，惟奴才是问。"

最后，他们确定了拟旨的人选。这个人既要绝对可靠，又要笔力雄健。他们确定把拟旨的重任，交给了西太后的妹夫、奕䜣的弟弟醇郡王奕譞。奕譞是奕䜣一党在热河的总代表。以后的实践证明，这个决定是完全正确的。

奕譞骑马猎装照

两宫太后召见毕，奕䜣怀着极为兴奋的心情退出。但在顾命八大臣面前，奕䜣表现得异常谦卑，"以释三奸之疑"。

就在同一天，两宫太后按照计划行事，急切地发下谕旨，回銮京师。肃顺集团颇感突然，他们知道不能轻易允诺，必须坚决制止。肃顺以回京有危险为由，阻止回銮。但两宫太后说道："回京后如有意外，不与你们相干。"说完之后，命令立刻准备车驾。

这一回合，两宫太后占了优势。

奕䜣知道时间紧迫，来不及休息。他一面同肃顺集团的人虚与委蛇，一面悄悄地联络党人，研究对策，部署任务。

而肃顺集团以为大权在握，从总体上看轻了两宫及奕䜣，以为"彼何能为"，没有什么能耐。因此，他们麻痹大意，失去警惕。他们没有及时地研究对策，分析敌情，而是陶醉于炙手可热的最高权力的运作上，封官许愿，加官晋爵。

这时，肃顺集团感到奕䜣在热河继续待下去，实在碍眼。他们便为奕䜣向两宫太后请示行止。两宫正好利用这个机会传旨，命奕䜣于八月六日进见。

八月六日，两宫太后第二次召见了奕䜣。奕䜣把这几天在热河活动的情况密报给了两宫，并把事先商定的计策提供给她们，使她们坚定了发动政变的决心。两宫太后也关切地旨命奕䜣明日迅即回京，布置一切，不可在此久留，以免事情败露。

八月七日，奕䜣不敢久留，奉命回京。

奕䜣于八月十二日回到了北京。奕䜣回到王府后，大臣们纷纷前来拜谒。他们希图从奕䜣的口中了解热河的动向，也借机观察奕䜣的政治意图。但胸有城府的奕䜣却顾左右而言他，这使北京的大臣摸不着头脑。

四　假意地做出了屈服姿态

当时北京的大臣们正在发动一场请求两宫太后垂帘听政的攻势。协办大学士周祖培是积极鼓动者。他的门生山东道监察御使董元醇秉承他的意图，上了一道奏章，这就是著名的《董元醇奏请皇太后权理朝政并另简亲王辅政折》。这个上书得到奕䜣的支持。

奏折于八月八日送达热河，先报给顾命八大臣。顾命八大臣细阅了董折，很是气愤。但他们没有马上动作，而是先上报给两宫皇太后，欲等两宫皇太后阅后，再拟旨痛驳。

不料，两宫皇太后阅折后大喜，董折说出了她们的心里话。其中的"皇太后暂时权理朝政，左右并不能干预"的建言，更是她们求之不得的。这道奏折，既是向两宫皇太后的表忠心，也是向顾命八大臣的挑战书。这给孤苦无援的两宫皇太后以很大的安慰，也给肃顺集团以很强的威胁。

董折八日报送两宫，十日仍未发下来。两宫皇太后是在绞尽脑汁地密商对策，没有很快地发给顾命八大臣。肃顺等八大臣等不及了，主动要求召见，索要董折。内奏事处首领太监传旨，说西太后要留着阅看，仍是不给他们。怡亲王载垣冷笑一声，心想简直是多余。

十一日两宫召见，命八大臣写旨，但没明确交代如何写。两宫太后想要试探八大臣的政治态度。八大臣主意早定，拟旨痛驳董折，而且要写明发上谕。吴姓军机章京所拟初稿语气还平和，言辞不太激烈。焦佑瀛感到不够劲，自己捉刀另作一篇，其中有斥责董元醇的"是诚何心，尤不可行"一语，其余七大臣交口称赞这道谕旨，说写得太棒了。但抄清递上后，两宫皇太后将折旨全都压了下来，没有交给八大臣。两宫很不满意八大臣所赞赏的谕旨。

后来再次传旨召见，八大臣同两宫皇太后发生了激烈的争执。西太后舌战八大臣。这次共召见四个多小时。郑亲王端华上去时就"怒形于色"，根本没把两宫皇太后放在眼里，而且"是日见面大争"。军机大臣杜翰"尤肆顶撞，有'若听信人言，臣不能奉命'"这样冒犯两宫太后的激烈言辞。两宫太后"气得手颤"。李慈铭记道："及董御史疏上，三人纠党纷争，声振殿陛，天子惊怖，至于啼泣，遗溺后衣。"肃顺等把小皇帝的尿都吓出来了。后来在昭示肃顺等罪状的奕訢等的奏折里也写道："御史董元醇条奏事件，特召见载垣等面谕照行，伊等不服，胆敢面称伊等系赞襄皇上，不能听太后之命，并言伊等请太后看折亦系多余之事，当面咆哮，几至惊吓圣躬，含怒负气，拂袖而去，其目无君上情形不一而足。"可见，这次召见，双方在这个原则问题上互不相让，已成剑拔弩张之势。

这场斗争一直延续到十二日。这一天，两宫发下其他文件，八大臣竟敢不阅看，并说："不定是谁来看。"决意用罢工手段，迫使两宫太后就范。这是违抗圣命的严重政治事件。两宫皇太后无法，决定暂时忍耐，不得不把董元醇原折及焦佑瀛驳旨发下照抄。八大臣这才"照常办事，言笑如初"，"怡（怡亲王载垣）等笑声彻远近"。

这一回合的斗争，显然是顾命王大臣占了上风。但他们不知道，这是两宫皇太后的韬晦之计。她们暂时收敛起来。此时的蛰伏，是为了明日的再起。这一回合的斗争，表面上是顾命王大臣胜利了，其实是为他们的倒台埋下了一颗重磅炸弹。如果说，只有前一回合的斗争，还使她们下不了扳倒对手的决心的话，那么，有了此一回合的斗争，就使她们毫不犹豫地下了铲除顾命王大臣的最后决心。因为，这一事件，使她们真切地看清了王大臣的庐山真面目。这场斗争，也就变得你死我活了。

但此次受挫，须总结教训，主要是董折"发之太早"，条件不具备，时机不成熟。两宫皇太后也看到了这一点，所以在局部上做出让步，以期取得全局的胜利。她们暂时藏锋敛锷，收缩起来。肃顺党人造成错觉，以为"夫己氏（西太后）声势大减"。其实，两宫皇太后此时的蛰伏，是为了彼日的再起。她们谋划回京再说。

九月一日，大学士桂良等奏恭上母后皇太后钮祜禄氏徽号为慈安皇太后，圣母皇太后那拉氏徽号为慈禧皇太后。这是为酝酿垂帘做舆论准备。

五 果断地发动了辛酉政变

经过慈禧的力争，两宫皇太后终于扶枢踏上回京的归途。九月二十三日，咸丰帝的灵枢启行归京。回程的队伍分两路，一路是两宫太后和幼帝的队伍，由间道先行，载垣、端华、景寿、穆荫各大臣扈从；另一路是梓宫队伍，自大路后发，由肃顺等扈从。

这样安排对两宫太后非常有利，为他们发动政变创造了难得的契机。

两宫太后不敢松懈，急急赶路。经五天的行程，于九月二十八日到达京郊石槽。立即"召见恭亲王"，两宫听取了恭亲王奕䜣关于北京情况的报告，并分析了当前的形势，决定进宫后立即发动政变。

九月二十九日未正一刻（14:15），慈安太后和幼帝同乘黑布轿在前，慈禧太后单乘黑布轿在后，到达北京德胜门外。留京的全体文武大臣，均身着缟素，翻穿珠补褂先期排班在道边跪迎。心事重重的两宫太后在接受了他们的请安之后，便急速入城回宫。未及休息，又迫不及待地第二次召见奕䜣。这是两次极为重要的召见。《翁同龢日记》特加一笔："恭邸前日昨日召对。"这两次召见，两宫太后和奕䜣共同分析了政治形势，沟通了双方信息，商议了政变步骤，敲定了发动时间。其中

同治二年（1863年），24岁的奕譞摄于南苑神机营

心议题是如何抓住战机，突然出击。

九月三十日，两宫太后召见恭亲王奕䜣及大学士桂良、周祖培、贾桢，侍郎文祥等。两宫太后边痛哭流涕，边缕述三奸欺藐之状，周祖培老谋深算，此时已得到奕䜣的"讽示"，心中有数，便直言奏道："何不重治其罪？"两宫明知故问道："彼为赞襄王大臣，可径予治罪乎？"周祖培立上一计："皇太后可降旨先令解任，再予拿问。"两宫心想，正合吾意，急答："善。"

这时，两宫太后便拿出由醇郡王奕譞于九月十八日在热河拟就的谕旨，交给奕䜣，当众宣示。宣布了八大臣的三大罪状，将载垣、端华、肃顺解任，命景寿等五人退出军机处。

谕旨是在八大臣不在场的情况下宣布的。刚宣读完，载垣、端华就闯入宫内。一见奕䜣等王大臣都在场，颇感意外，大声质问道："外廷臣子，何得擅入？"奕䜣冷静地答道："皇上有诏。"不明就里的载垣等人，竟然指责皇太后不应召见外臣。两宫太后极为愤怒，又命传下另一谕旨，将载垣等三人革职拿问。同时，又下了一道谕旨，将走在路上的

慈禧十大谜案破解

清朝的军机处

肃顺革职拿问。肃顺被抓时大骂道："悔不早治此贱婢！"把肃顺押回了宗人府。肃顺看到了载垣、端华，瞪大眼睛斥责道："若早从吾言，何至有今日？"

十月一日连发两道谕旨，任命奕䜣为议政王兼军机大臣。第二天，又连发两道谕旨，补授奕䜣为总管内务府大臣和宗人府宗令。奕䜣得到了除两宫太后和幼帝以外的几个最重要的职务，成为两宫太后和幼帝之下的第一人。

又发布上谕，任命大学士桂良、户部尚书沈兆霖、户部右侍郎宝鋆、鸿胪寺少卿曹毓瑛为军机大臣。原军机大臣、户部侍郎文祥仍为军机大臣。这就组成了以奕䜣为首的新的军机处。

六 宽容地处治了顾命八王

两宫皇太后，主要是慈禧，对政敌的处治采取了宽容的政策。

十月六日，谕旨载垣、端华赐令自尽。肃顺斩立决。景寿革职，加恩仍留公爵并额附品级。兵部尚书穆荫革职，加恩改为发往军台效力赎

57

罪。吏部左侍郎匡源、署吏部右侍郎杜翰、太仆寺卿焦佑瀛，均即行革职，加恩免其发遣。

此外，又处分了与肃顺关系密切的吏部尚书陈孚恩等 6 名官员，还处治了与肃顺交结较深的 5 名太监。为避免株连，两宫太后谕旨，将从肃顺家中查抄来的书信，"公同监视焚毁，毋庸呈览"。

总之，这一大的政变，处理得十分圆满，受处分的仅 19 人。政变从发动到处理完毕，仅一个多月时间。时间之短促，也足令人吃惊。

这次政变，上下呼应之巧妙，舆论准备之完善，军力配合之恰切，行动掩盖之周密，爆发时间之准确，善后处理之明快，无不令观者瞠目结舌。1861 年是辛酉年，这次政变，史称辛酉政变。这是慈禧太后一生中发动的三次成功政变的第一次。这次政变，使那拉氏握取了中国最高的皇权，成就了第一次垂帘听政。

第四个谜案
宠监安得海的伏诛之谜

一　安得海恃宠而骄

同治八年（1869年）七月发生了一件震动朝廷内外的大事，即杀掉了慈禧的宠监安得海。安得海是因何被杀的呢？历来是个谜。

深邃的储秀宫。慈禧太后曾长时间居住于此

61

安得海（1844—1869 年），一名安德海，直隶（今河北省）青县人。童年入宫，充内廷太监，人称小安子。后来成了慈禧太后的御前太监。"狡黠多智，西太后甚嬖宠之。"咸丰帝北狩热河时，他随咸

储秀宫前的精雕铜龙戏珠

丰帝也到了热河。辛酉政变中，安得海在慈禧和奕䜣之间往来奔走，得到慈禧的信任。

安得海聪明伶俐，为人狡狯。据说他"艺术精巧，知书能文"，"能讲读《论》《孟》诸经"，且能察言观色，善于逢迎，"以柔媚得太后欢"，"孝钦后深器之"。自此，"语无不纳，厥后遂干预政事，纳贿招权，肆无忌惮"。他又"笼络朝士，使奔走其门，势焰骎骎"。

安得海屡进谗言，说奕䜣的坏话，挑拨慈禧与奕䜣的关系，使慈禧削掉了奕䜣的议政王职。这说明安得海已达到了"渐干国柄"的地步。安得海进谗言的说法，最早见于王闿运的《祺祥故事》：

而孝钦御前监小安方有宠，多所宣索，王（恭亲王）戒以国方艰难，宫中不宜求取。小安不服，曰："所取为何？"王一时不能答，即曰："如瓷器杯盘，照例每月供一份，计存者已不少，何以更索？"小安曰："往后不取矣。"明日进膳，则悉屏御瓷，尽用村店粗恶者。孝钦（慈禧）诃问，以六爷（奕䜣）责言对。孝钦愠曰："乃约束及我日食耶！"于时蔡御史闻之，疏劾王贪恣。

富丽堂皇的储秀宫内景

储秀宫西稍间。此为慈禧太后卧室

就是说，安得海恃宠而骄，借慈禧名义，在物质要求上贪得无厌，遭到了正直的奕䜣的理所当然的反对。但是，狡猾的安得海设计圈套，恶进谗言，挑拨慈禧和奕䜣的关系，制造矛盾，妄图用慈禧打击奕䜣，慈禧偏偏又中了计。而这个矛盾恰被任署日讲官的蔡寿祺得知，他认为有机可乘，便上疏弹劾奕䜣。

这一说法被广为接受。《清鉴》说："得海既用事，朝士日奔其门，声势煊赫，恭王为所中，撤去议政权。"《清帝外纪·清后外传》说："孝钦御前太监小安，方有宠，多所宣索，王戒之。明日进膳，则悉用粗恶者。孝钦诃问，以六爷责言对，愠曰：'乃约束及我日用耶！'"《清朝野史大观》说："安得海渐干国柄，先谮奕䜣短，以去其议政权。"《清代外史》说：安得海"先谮奕䜣短，以去其议政权"。

综上可知，这一说法广为流传。其实，慈禧偏听偏信安得海之类的太监的谗言，并因而猜忌、戒备恭亲王是完全可能的，也是可信的。

有一次，恭亲王奕䜣请见慈禧。慈禧正在和安得海谈天说地，竟然推辞不见。奕䜣受到羞辱，十分恼怒，退下后对他的亲信说："不杀掉安得海，不足以对祖宗、振朝纲。"

同治帝也很厌恶安得海，因事斥责过他。安得海便向慈禧告状，慈禧居然偏袒他，责问同治帝。因此，同治帝十分痛恨安得海，曾做了个小泥人，砍断小泥人的脑袋，太监问他是怎么回事，同治帝狠狠地说："杀小安子！"

二 安得海伏诛始末

后来安得海晋升为总管太监。

安得海在北京待得腻了，想出京城玩玩，便请求慈禧给他一个机会。慈禧因十分宠幸安得海，就答应他到广东去为同治帝置办大婚所用的龙衣。慈禧把这个事和同治帝说了，同治帝"阳赞成之"，但却密诏山东巡抚丁宝桢做好诛杀安得海的准备。

丁宝桢（1820—1886年），字稚璜，贵州平远（今织金县）人。咸丰三年（1853年）进士。同治二年（1863年）由陕西按察使改任山东按察使。他"严刚有威"。当时蒙古名将僧格林沁亲王正在山东一带剿杀捻军，十分傲慢。他会见司道官从来不给设座位。丁宝桢来投谒前，让人转告僧王："坐则见，否则罢！"人们都吃惊于丁宝桢的大胆，但"王服其强，为改容加礼"。山东巡抚阎敬铭"闻之，大称异，至是日，亲迓于郊"。后来阎敬铭很佩服丁宝桢的才能，请求退休，推举丁宝桢代替自己。这样，丁宝桢就升任为山东巡抚。

储秀宫总管太监谦和

据说丁宝桢曾到北京去拜见同治帝，同治帝见他"遇事敢为"，就同慈安太后密商，慈安也认为丁是"有肝胆之人"，可以信赖。他们便命丁宝桢等待机会杀掉安得海，丁慨然应诺便回去了。现在机会来了。

同治八年（1869年）七月，安得海出得京城，顺运河南下。"旗缯殊异，称有密遣"，到处吹嘘他有慈禧的密旨。他自称钦差，身穿龙衣，船上挂有一日形三足鸟旗，船旁有龙凤旗帜，并带有前站官、标兵、苏拉、僧人、妻妾、太监、女乐等数十人，乘两条大船，声势煊赫，气派非凡，一路之上品竹调丝，观者如堵。七月二十一日，据说是安得海的生日。他居然在船上悬挂龙旗，自己坐在前面，让一船男女顶礼膜拜。

丁宝桢接到同治帝密谕后便加紧行动。他当即密嘱德州知州赵新："传闻安得海将过山东，如见有不法事，可一面擒捕，一面禀闻。"而赵新是一个官场经验十分丰富的小官吏。他左思右想，瞻前顾后，如安

65

得海过境时不报告，怕得罪丁宝桢；如明白禀报，又怕一旦不能除掉安得海，自己反而遭殃。真是左右为难。他便同幕僚商量，幕僚让他用夹单禀报。这样，如果丁宝桢不参奏，则夹单非例行公事，不能存卷，安得海就不会知道；如果参奏，则"为祸为福，丁宝桢自当之"。

赵新就用夹单密报了安得海过德州的情况。

丁宝桢根据赵新的奏报，一面具折参奏安得海，一面派东昌府知府程绳武追赶。程尾随安得海三日，但不敢动。丁宝桢又命令总兵王正起率兵追赶，直追到泰安才将安得海等擒获，后解至济南。

安得海傲慢无礼，口出大言："我奉皇太后命，谁敢把我怎么样，你们找死啊！"在场的官员吓得不敢动他。而丁宝桢不听邪，认为等待谕旨不保靠，应该先把他杀掉。泰安知县何毓福一看真要动刀，感到非同小可，长跪力谏，请丁宝桢等待谕旨。丁宝桢说："太监私自出京，是制度不准许的。况且，我们事先没有接到指示，必诈无疑。"

当天晚上，丁宝桢就在济南诛杀了安得海，他的随从20余人也一律处死。

清末养心殿、长春宫的四名太监。左起：杨子真（养心殿御前太监）、王凤池（养心殿东夹道二带班，六品补服）、刘兴桥（养心殿御前太监，七品补服）、张海亭（长春宫太监）

丁宝桢这边处死了安得海，那边奏疏上报朝廷，请旨定夺。慈禧得疏后，大为惶骇，"莫知所为"。但事已至此，也只得忍痛同慈安太后一同召见恭亲王、军机大臣和内务府大臣，研究怎么办。朝臣们都异口同声地说："祖制太监不得出都门，犯者死无赦，当就地正法。"

清朝祖制家法，对太监的管理和约束是极为严格的。清太祖努尔哈赤和清太宗皇太极时，没用太监。顺治帝进驻北京后，始仿明制设立太监。他吸取了明朝太监干预朝政以致亡国的教训，对太监立下了严格的规矩，在交泰殿立了一个铁牌，其牌云：

> （太监）以后但有犯法干政，窃权纳贿，嘱托内外衙门，交结满汉官员，越分擅奏外事，上言官吏贤否者，即行凌迟处死，定不姑贷。特立铁牌，世世遵守。

这个规定是极其严厉的，以后各个皇帝都严格遵守这个祖制。乾隆帝认为明朝太监弄权，都是因为他们颇通文墨，便于交结营求。所以，他下令只叫太监"略知字体"即可，不让他们有更多的文化。乾隆帝对太监"待之尤严"，稍有不法，便棍棒交加。他命令内务府大臣兼管太监，规定太监官职不得高于四品，又把他们的姓大都改为王姓。因为姓王的多，不易辨识，以免太监交结大臣。乾隆时，有一个太监高云从因稍泄机密，便被处以磔刑。

慈禧是知道清代的祖制家法的。慈安、同治帝、奕䜣和诸大臣抬出祖制家法这个法宝，慈禧也不敢公然违抗。她不得不同意大家的看法。但是，她仍然把上谕扣发了两天。恭亲王奕䜣力争之，慈禧看挺不过去了，只得于八月初三发下上谕：

> 丁宝桢奏，太监在外招摇煽惑一折。据德州知州赵新禀称，七月间有安姓太监，乘坐太平船二只，声势炫赫，自称奉旨差遣织办龙衣。船上有日形三足乌旗一面，船旁有龙凤旗帜。带有男女多人，并有女乐，品竹调丝，两岸观者如堵。又称本月二十一日，系该太监生辰，中设龙衣，男女罗拜。该州正在访拿问，船已扬帆南下。该抚已饬东昌、济宁各府州，饬属跟踪追捕等语。览奏深堪诧异。该太监擅自远出，并有种种

67

"慈禧端佑皇太后之宝" 玺印

不法情事，若不从严惩办，何以肃宫禁而儆效尤。着马新贻、张之万、丁日昌、丁宝桢，迅速派委干员，于所属地方将六品蓝翎安姓太监严密查拿，令随从人等指证确实，毋庸审讯，即行就地正法，不准任其狡饰。如该太监闻风折回直境，即着曾国藩饬属一体严拿正法。稍有疏纵，惟该督抚是问。其随从人等有迹近匪类者，并着严拿分别惩办，毋庸再行请旨。将此由六百里各密谕知之。

实际上，上谕到达的前 5 天，安得海就已人头落地了，并暴尸 3 天。当时民间传说安得海是个假太监，安德海与慈禧有染。安得海被暴尸，人们看到了安得海确实是个真太监，表明了慈禧的清白。这是丁宝桢的聪明之处。

安得海所带的辎重一律收缴，有骏马 30 余匹，黄金 1150 两，元宝 17 个，极大珍珠 5 颗，珍珠鼻烟壶 1 枚，翡翠朝珠 1 挂，碧霞朝珠 1 挂，碧霞犀数 10 块。其余珍宝很多，都陆续解归内务府。

过了 8 天，即在八月十一日又连发两道上谕，反复强调：

我朝家法相承，整饬宦寺，有犯必惩，纲纪至严。每遇有在外招摇生事者，无不立治其罪。乃该太监安得海，竟敢如此胆大妄为，种种不法，实属罪有应得。经此次惩办后，各太监自当益加儆惧。

既然安得海已被诛杀，慈禧索性借此抬高自己，为下一步反攻做好准备。

安得海伏诛，大快人心。曾国藩说："吾目疾已数月，闻是事，积翳为之一开。稚璜（丁宝桢）真豪杰也！"李鸿章阅《邸抄》看到这条消息，高兴地跳了起来，拿《邸抄》给幕客看，并说："稚璜成名矣！"

斩掉安得海是慈安、同治帝和奕䜣的一个胜利。慈禧在这场角逐中是失败了。这是她始料所不及的。从中她看出来同慈安、奕䜣的权力之争非一朝一夕之功。她现在要隐忍等待，不可轻易出击。她现在还不能为所欲为。她是能屈能伸的。这个野心极大的女人为了攫取到中国最大的权力，目前要稳扎稳打，不可急切从事。

丁宝桢杀掉了安得海，慈禧并没有怪罪他。从丁宝桢的仕宦履历看，他后来一路高升，并寿终正寝。光绪二年（1876年），丁宝桢入京觐见慈禧。慈禧对他十分看重，赐他紫禁城骑马，代吴棠署理四川总督。丁宝桢在四川前后十年，严惩贪污，革除陋规，改革盐法，还田于民，每年增加税收100余万两。光绪十二年（1886年）病逝，清廷特赠他为太子太保，赐谥"文诚"。可见，慈禧并没有因安得海问题而对他进行报复，反而加以重用，大概是为慈禧洗刷了莫须有的污名之故。这说明慈禧是有政治胸怀的。

慈禧太后持团扇像

三 安得海伏诛异说

安得海伏诛,有两说是不能成立的。

一是慈禧观戏说。《十叶野闻》说:"方丁折文到京时,慈禧正观剧取乐。恭王乃立请见慈安,拟定谕旨。慈安画诺已,驰谕下山东。许丁宝桢速即就地正法,不必解京审讯。"《慈禧外纪》也持此说。又说上谕发出后,"慈禧方酣嬉于戏剧,未之知也。故丁文诚(丁宝桢)得行其志,慈禧不及援阻"。

慈禧喜欢观剧是真,但上谕不经慈禧同意便发出,即使贵如正宫的慈安也是没有这个胆量的。况且,作为政治家的奕䜣也不会干这等极易被揭穿的低级傻事。此说不能成立。

储秀宫回事太监赵兴振

二是慈禧设谋说。今人提出"杀安得海是慈禧的一大阴谋"。他认为,杀安得海是慈禧设下的一个圈套。慈禧让安得海大张旗鼓地出京,是慈禧有意把安得海往刀刃上送。慈安和奕䜣中了她的"借刀杀人之计"。这样,她便探知了慈安、奕䜣和她明争暗斗的真面目,促使她下决心除掉这两个心腹之患。

这个说法也是不能成立的。因为,慈禧即便不设此圈套,她也明白,慈安和奕䜣是她实行独裁统治的绊脚石。她用不着费此周折来探明这个真面目。

因此,以上两说是不能成立的。

第五个谜案
同治皇帝死亡原因之谜

同治帝 19 岁就病逝了。他究竟得的是什么病，是梅毒，还是天花？这是一个历史之谜。

一 同治帝病逝经过

同治十三年十月二十日（1874 年 11 月 28 日），同治帝患病。二十日懋勤殿传旨，自十月二十日至十一月初一日，同治帝都不上朝。有人说，他得的病是天花。其实不是天花，而是梅毒。

慈禧对同治帝的一言一行都是十分注意的。如果同治帝不出宫，他们母子几乎是天天见面，并在一起进早膳的。而且，也有太监向慈禧报告同治帝的行动。同治帝自从十月二十日着凉发病后，一直带病视事，但是没有接见大臣。

而自十一月初一日至五日，同治帝把阅折权和批折权完全交给了李鸿藻和奕訢，一时出现了权力真空。这对一个国家来说是非常危险的。同治帝的病看

慈禧太后画像

来不是短期内能治愈的。

在这种情况下，政治经验十分丰富的慈禧不能再在后台，她不能坐视大权旁落。她要走到前台来，由自己来重新掌握最高的皇权，也就是二次垂帘听政。

经过精心准备，十一月初八日，慈禧一手导演的戏出台了。两宫太后在同治帝御榻前，召见军机大臣和御前大臣。《翁同龢日记》记道：

> 巳正（8时）叫起，先至养心殿东暖阁。先于中间供佛处向上叩首，入见又三叩首，两宫皇太后俱在御榻上持烛，令诸臣上前瞻仰，上舒臂令观，微语曰：谁来此伏见？天颜温悴，偃卧向外，花极稠密，目光微露。

这是第一次召见。两宫皇太后有目的地让军机大臣和御前大臣细看在御榻上的同治帝。同治帝伸出胳膊，让大家看。大臣们目睹后得出的结论是，同治帝的病不是短期内可以治愈的。

瞻仰毕，诸臣退下。过了一会儿，两宫皇太后又传旨，请诸臣再入。这是第二次召见。《翁同龢日记》记道：

> 皇太后御中间宝座，南向。宣谕数日来圣心焦虑，论及奏折等事，裁决披览，上（同治帝）既未能恭亲，尔等当思办法，当有公论。

慈禧告诉诸臣，同治帝短时间内不能视事，关于奏折披览裁决，你们应该想个办法。《翁同龢日记》继续写道："未退时诸王奏言，圣恭正值喜事。一切奏章及必应请旨之事，拟请两宫太后权时训谕，俾有遵循。命诸臣具折奏请，退后同至枢廷拟折稿。"

这次召见，只有两宫太后在座。慈禧说，目前当务之急是奏折的"裁决披览"，同治帝不能亲自裁决，你们"当思办法，当有公论"。这是慈禧在暗示他们，应该劝谏两宫皇太后亲理政务，实行垂帘听政。王大臣明白了慈禧的本意，在退下前就奏请两宫太后"权时训谕"。这就完全明朗化了。慈禧干脆命诸臣写折奏请。

王大臣退下后，根据慈禧的意思草拟折稿，并说明两宫皇太后应立刻垂帘听政，来年二月一日再由同治帝亲理朝政。

刚刚散去，两宫皇太后又第三次召见。《翁同龢日记》写道：

> 甫散，又传见。趋入，待齐，入见西暖阁。皇太后谕：此事体大，尔等当先奏明皇帝，不可径请。

本来这场戏是慈禧一手导演的，但为了演得逼真，命王大臣先奏报同治帝，不要把奏折直接送给她们。

第二天，两宫皇太后再次召见军机大臣和御前大臣。这次接见情形，《翁同龢日记》记载颇详：

> 辰初一刻（7时15分）又叫起，与军机、御前同入，上起坐，气色颇盛，头面皆灌浆饱满，声音有力。皇太后亦同在御榻。上首谕恭亲王：吾语无多，天下事不可一日稍懈，拟求太后代阅折报一切折件，俟百日之喜，余即照常好生办事。并谕恭亲王当敬事如一，不得蹈去年故习。语简而

同治帝载淳画像。这是一个不幸的短命皇帝，19岁就宾天了

厉。太后谕略如昨，并言西暖阁一起，乃出臣工之请，本恐烦皇帝心虑，故未告之。今当诸大臣，即告皇帝勿烦急，已允诸臣所请矣。上举臂以示，颗粒极足。不胜喜跃而退。

这是说，同治帝明确宣谕"求太后代阅折报一切折件"，而皇太后在一番忸怩作态后，表示"已允诸臣所请矣"。这就说明慈禧堂而皇之地取得了阅折批折权，也就是最高的皇权。

十一月初十日，同治帝颁发上谕：

再三吁恳两宫皇太后，俯念朕躬正资调养，所有内外各衙门陈奏事件，望请披览裁定。仰荷慈怀曲体，俯允权宜办理，朕心实深感幸。将此通谕中外知之。

同治帝明确表明把最高皇权交给了两宫太后，实则是交给了慈禧。

同治帝的病在前十天，好像有所好转。

翁同龢在初十日记道："上（同治帝）今日脉气更好，见昨酉方，用枣仁、远志，少寐故也。见起居单，歇着时却不多，而饮食亦不少，（元宝汤进六碗，一昼夜九碗，又老米粥一碗）可庆也。"

此后同治帝的病便趋于恶化。

二十日，"腰间肿痛作痈流脓（仍有筋挛字）。项脖臂膝皆有溃烂处"。

二十三日，"脉息皆弱而无力。腰间肿处两孔皆流脓（亦流腥水），而根盘甚大，内溃则不可言，意甚为难"。

二十七日，"看昨方，按云脉滑缓无力，惟肾愈流注，脓汁虽稍见稠，而每日流至一茶盅有余，恐伤元气云云"。"起坐时少，流汁极多，殊委顿也。"

以后据《翁同龢日记》记载，其间曾请一位治外症的民间名医89岁的祁仲来诊治，此人是荣禄推荐的。治疗过程翁同龢记道：

（二十九日）辰正（8时）见于东暖阁，上（同治帝）拥坐榻上，（枕一中官）。两宫太后亦坐，命诸臣一一上前，天颜甚粹，目光炯然，痂犹有一半未落。谕今日何日？并谕

同治帝登基时身穿的小龙袍

及腊月应办事，枢臣奏毋庸虑及。臣奏圣心宜静。上曰胸中觉热也。退至明间，太后立谕群臣，以现在流汗过多，精神委顿，问诸臣可有良法。圣虑焦劳，涕泗交下。臣因进曰，择医为上。臣荣禄曰有祁仲者，年八十九，治外症甚效，可传来诊视。太后颔之，语甚多，不悉记。退坐奏事处，有敕勿即散直。有顷传诸臣皆入，上（同治帝）侧卧，御医揭膏药挤脓，脓已半盅，色白（比昨稍稠），而气腥，漫肿一片，腰以下皆平，色微紫，视之可骇。出至明间，太后又立谕数语，继以涕泪，群臣皆莫能仰视。午初（11时许）祁仲到，命诸臣随入殿。良久，祁仲与李德立等入，半时许视毕，宣召至西暖阁问状，余等未与，恭（恭亲王奕䜣）、醇（醇亲王奕譞）两王入。（恭邸五六刻始下，医者先出）余等既退，则问荣君如何。曰祁仲言，此痈痛发处尚非肾俞穴，（在肾俞下）冀可治，药用十全大补汤。俄而传闻令李德立仔细请脉。祁仲方未用，存案而已。

从这一记载不难看出，慈禧对同治帝的病是很关注的。但是，名医

77

同治帝登基时穿的小朝靴

祁仲的药方却未被慈禧采纳，说明慈禧对同治帝得的什么病，心中是有数的。之后同治帝病情愈益加重，但奏事处太监却说"大有起色"，这也许是同治帝的回光返照，也许是太监怕担责任而说的吉利话吧！

翁同龢还是冷静的，每日同王大臣看方，且记日记。他对用药有一定知识。十二月初二日，他记道："今日方匆匆一看，用酒连、葛根二钱也，不可解，不可解。"用这种药是什么目的，他闹不明白。事实上，御医李德立、庄守和已经知道同治帝是治不好了。回天乏术，只是拖延时间而已。

同治帝终于死去了。《翁同龢日记》记道：

即入城小憩，未醒忽传急召，驰入内尚无一人也，时日方落。有顷，惇（惇亲王奕誴）、恭（恭亲王奕䜣）邸、宝（宝鋆）、沈（沈桂芬），英桂、崇纶，文锡同入见于西暖阁，御医李德立方奏事急，余叱之曰何不用回阳汤。彼云不能，只得用麦参散。余曰即灌可也。太后哭不能词。仓促间御医称牙关不能下矣。诸臣起立，奔东暖阁，上扶坐瞑目，臣上前遍探视，弥留矣。天惊地坼，哭号良久，时内廷王大臣有续至者，入哭而退。惨读脉案，云六脉俱脱，酉刻崩逝。

这是关于同治帝病逝的最准确的记载。

同治十三年十二月初五日（1875年1月12日），同治帝死去，在

慈禧十大谜案破解

位 13 年，死时 19 岁。

二　同治帝死因四说

关于同治帝的死因，历来众说纷纭，不得其解。

大体有四种说法，一是梅毒说，二是天花说，三是疥疮说，四是梅毒加天花说。

第一，同治帝死于梅毒说。《十叶野闻》记道：

> 与贝勒载澂（恭亲王之子）尤善，二人皆着黑衣，倡寮、酒馆暨摊肆之有女子者，遍游之。后忽病发，实染梅毒，故死时头发尽落也。

《清朝野史大观》记道：

> 慈禧又强其爱所不爱之妃，帝遂于家庭无乐趣矣。乃出而纵淫，又不敢至外城著名之妓寮，恐为臣下所瞩，遂专觅内城之私卖淫者取乐焉，从行者亦惟一二小内监而已。人初不知为帝，后亦知之，佯为不知耳。久之毒发，始犹不觉，继而见于面，盎于背，传太医院治之。太医院一见大惊，知为淫毒，而不敢言。反请命慈禧，是何病症。慈禧传旨曰："恐天花耳!"遂以治痘药治之。

这是说，御医已经诊断出同治帝的病是梅毒，但他们不敢说，反而故意请命于慈禧。慈禧也知道同治帝患上了梅毒，但是她故意视而不见，把此病硬说成天花。这样，同治帝的病就被慈禧定了调子。以上虽然都是野史记载，但很有参考价值。

第二，同治帝死于天花说。《翁同龢日记》认为是天花，在日记中

79

反复陈说；《慈禧外纪》也认为得的是"痘症"，即天花；徐艺圃在其撰写的《同治帝之死》一文中，引用了清室档案《万岁爷进药用药底簿》。这里记载了自同治十三年十月三十日同治帝得病召御医李德立、庄守和入宫请脉时起，直至十二月初五日同治帝死时止，前后共 37 天的脉案、处方及 106 帖服药记录，认为同治帝肯定死于天花无疑。

第三，同治帝死于疥疮说。《清朝野史大观》说同治帝死于梅毒，认为"言因发疥疮致命者误"。可见，有人认为是生疥疮致死的。

第四，同治帝死于梅毒加天花说。台湾高阳先生在《慈禧全传·玉座珠帘》里即用此说，说明其有所本。

以上四说，究竟孰是孰非？笔者认为，同治帝应是死于梅毒。

野史记载同治帝出宫冶游完全是可能的。虽然清朝祖制极为严格，但是作为皇帝还是有空隙可钻的。尤其是同治帝有一段时间，整天在关注重修圆明园。也许借视察圆明园工程为由，行寻欢作乐之实。

同时，他还搞同性恋。他同翰林侍读王庆祺关系暧昧，有评说："帝竟与王同卧起。"《李鸿藻年谱》评道："因之宵小乘机诱惑引导，遂至日惟嬉戏游宴，耽溺男宠，日渐羸瘠，未及再祺，即以不起。""与王同卧起""耽溺男宠"，即是同性恋之意。王庆祺曾和同治帝同看秘戏图即春宫画，"两人阅之，津津有味，旁有人亦不觉"。这个王庆祺，"顺天人，生长京师，世家子，美丰仪，工度曲，擅谄媚之术。初直南书房，帝爱之。至以五品官加二品衔，毓庆宫行走。宠冠同侪，无与伦比"。

同治帝死时有人写了一副对联，上联是"弘德殿广德楼德行何居惯唱曲儿钞曲本"，下联是"献春方进春册春光能几可怜天子出天花"。这副对联嘲讽的正是同治帝平时的行止。

正由于此，所以在十二月十四日，即同治帝死后九天，御史陈彝上一奏章，称"查侍讲王庆祺，素非立品自爱之人，行止之间，颇多物议"。又说"去年王庆祺为河南考官，风闻撤棘之后，公然微服冶游，汴省多有知之者。举此二端可见大概。至于街谈巷议无据之词，未敢渎陈，要亦其素行不孚之明验也"。

这一奏折说得非常清楚，"行止之间，颇多物议"了，"公然微服冶游"了，"街谈巷议"了，这是在指斥王庆祺行为不端，也是在追究王庆祺导引同治帝走下坡路的责任。

当天慈禧便发下上谕："王庆祺着行革职，永不叙用，以肃官方。"对王庆祺的处分反证了民间传闻是事出有因的，也说明了王庆祺确与同治帝有染。

还有一个证据是，十二月二十五日，总管太监张得喜等发往黑龙江为奴；十二月二十六日，革内务府大臣文锡、贵宝职。而张得喜正是导引同治帝冶游的太监。文锡、贵宝亦如是。

李德立的曾孙李镇在《文史哲》撰文《同治究竟死于何病》，认为同治帝死于梅毒。他说他问过李德立的长子，也是他的祖父。他的祖父回答说："同治确是死于梅毒。"这是御医李德立传下的口碑资料，是可信的。

［附录］ 慈禧儿媳阿鲁特氏皇后死亡之谜

同治帝病逝不久，皇后阿鲁特氏即死去。她的死，也是一个历史之谜。

皇后阿鲁特氏之死同她和同治帝的婚姻很有关系。同治十一年（1872年）正月，慈安、慈禧两宫皇太后酝酿撤掉垂帘，归政同治帝。但在归政之前，必须给时年17岁的同治帝完婚。不料，在为同治帝选择后妃的问题上，慈安和慈禧发生了争执。

慈安看中了翰林院侍讲崇绮的女儿阿鲁特氏。崇绮（？—1900年），字文山，原蒙古正蓝旗人。大学士赛尚阿之子。同治三年（1864年），考中一甲一名状元。有清一代，满蒙人试汉文中状元者，只有崇绮一人。他"生平端雅"，"工诗，善画雁"。能诗善画，多才多艺。他是一位汉文化造诣颇深的蒙族高级知识分子。阿鲁特氏，"幼时即淑静

有清一代满蒙人中唯一的状元崇绮，同治帝的岳父

端慧。崇公每自课之，读书十行俱下。容德甚茂，一时满洲、蒙古右族，皆知选婚时必正位中宫"。阿鲁特氏在其父亲的教育下，文化水平也很高。当时她19岁，正是好年华。慈安爱其"端庄谨默，动必以礼"，很想立她为后。

而慈禧却看中了员外郎凤秀的女儿富察氏。她还是个小姑娘，才14岁，姿性敏慧，容仪婉丽。慈禧"欲立之"。

阿鲁特氏虽然容貌不如富察氏，然而"望而知为有德量者"。慈安、慈禧各有所属，"相持不决"。这时只好召同治帝自己选定。"帝择东后所拟定者为后"，即选择了阿鲁特氏为皇后。这就大大地得罪了慈禧。她认为这是亲生儿子有意和自己作对。但迫于当时的形势，她不便发作，只得暂时隐忍，便同意了立阿鲁特氏为皇后，但必须定富察氏为妃子。

这样，在同治十一年（1872年）二月初三日两宫发布懿旨，选翰林院侍讲崇绮之女阿鲁特氏为皇后，员外郎凤秀之女富察氏为慧妃，知府崇龄之女赫舍里氏为瑜嫔，前任副都统赛尚阿之女阿鲁特氏为珣嫔。接着在二月十五日又发懿旨，大婚典礼定于本年九月十五日举行。在这之前的七月二十六日纳采礼，八月十七日大征礼。同一日，恭亲王奕䜣上一奏折，奏请大婚礼成，应为慈安、慈禧加上徽号。两宫太后"俯如所请"。

时光荏苒，转眼大婚日期到了。九月十四日，同治帝身着礼服，亲御太和殿，遣惇亲王奕誴为正使、贝勒奕劻为副使，持节奉册宝诣皇后邸，册封阿鲁特氏为皇后。派大学士文祥为正使、礼部尚书灵桂为副使，持节奉册宝封富察氏为慧妃。九月十五日举行大婚典礼。这一天，皇后阿鲁特氏由自家邸第升凤舆，銮仪卫陈仪仗车辂，鼓乐前导，由大清中门行御道，至乾清宫降舆。同治帝身穿礼服，在坤宁宫外等候，行合卺礼。同治帝大婚便告成了。

慈禧虽然容忍了慈安和同治帝的选择，但她对皇后阿鲁特氏是不喜欢的。据说，大婚当晚，皇后应对，颇讨同治帝欢心。同治帝让她背诵唐诗，她竟"无一字误"。同治帝对皇后越发宠幸。他见皇后气度端凝，不苟言笑，更加敬重她。慈禧见同治帝和皇后伉俪甚笃，恩恩爱爱，很不是滋味。皇后见慈禧时，慈禧从不给她好脸色。慈禧对同治帝冷落慧妃，更是不满，对他说："慧妃贤慧，虽屈在妃位，宜加眷遇。皇后年少，未娴宫中礼节，宜使时时学习。帝毋得辄至中宫，致妨政务。"慈禧竟然以妨碍政务为理由不准同治帝同皇后亲近，让他多亲近慧妃。同治帝不敢违背慈禧的旨意，因此就很少到皇后宫中去了。但他也不愿亲近慧妃。为此，他经常独宿在乾清宫。慈禧的干预使同治帝的婚后生活很不如意。

大婚的下一步便是同治帝亲政了。

同治十二年（1873年），同治帝载淳已18岁了。

同治十二年正月二十六日（1873年2月23日），举行了同治帝亲政大典。

二月初八日，上谕两宫皇太后崇加徽号为"慈安端裕康庆皇太后，慈禧端佑康颐皇太后"，以示尊崇。

同治帝死，光绪帝即位，两宫太后懿旨，封阿鲁特氏为嘉顺皇后。

崇绮之女，同治帝皇后阿鲁特氏

光绪元年二月二十日（1875 年 3 月 27 日）嘉顺皇后死去，年仅 19 岁。

关于她的死，当时便有传闻，有的说是吞金，有的说是绝食。《越缦堂国事日记》说："后即服金屑，欲自杀以殉，救之而解。"《李鸿藻先生年谱》说："其后之崩，盖绝食也。"《清代野史》言："有谓阿鲁特氏自伤侍疾之无状，愿一死以殉载淳者。故当时曾经谕旨曰：'上年十二月，痛经大行皇帝龙驭上宾，毁伤过甚，遂抱沉疴，以表其殉夫之烈。'或曰，是特掩饰天下耳目之言，非实录也。"

阿鲁特氏之死确是一桩疑案。她死得很突然。冰冻三尺，非一日之寒。慈禧不喜欢阿鲁特氏，"不得孝钦太后欢"。据说，慈禧爱看戏，阿鲁特氏陪侍左右，"演淫秽戏剧，则回首面壁不欲观。慈禧累谕之，不从，已恨之"。阿鲁特氏身边的人劝她要同慈禧搞好关系，否则恐于己不利。阿鲁特氏说："敬则可，昵则不可。我乃奉天地祖宗之命，由大清门迎入者，非轻易能动摇也。"有人将这个话密告慈禧，慈禧"更切齿痛恨，由是有死之之心矣"。慈禧认为，阿鲁特氏是在讥讽自己不是由大清门迎入的，而是由贵人一步步升上来的。这是她所不能容忍的。之后慈禧对阿鲁特氏便百般挑剔。同治帝有病，皇后不敢去侍奉，慈禧就大骂她"妖婢无夫妇情"。同治帝弥留之际，皇后哭着前往探视，并且为同治帝擦拭脓血，慈禧又大骂："妖婢，此时尔犹狐媚，必欲死尔夫耶？"

慈禧为什么这么仇恨阿鲁特氏呢？

这一方面，是因为慈禧在为同治帝选皇后时，就不喜欢她；另一方

慈禧十大谜案破解

面，是因为皇后不善于逢迎。更主要的是未来的皇权之争，这是问题的实质。

对此野史有记载，可供我们参考。《清朝野史大观》记道：

> 及帝弥留之际，后不待召，哭而往，问有遗旨否，且手为拭脓血。帝力疾书一纸与之。尚未阅竟，忽慈禧至，见后悲惨，手拭帝秽，大骂曰："妖婢，此时尔犹狐媚，必欲死尔夫耶！皇帝与尔何物，可与我。"后不敢匿。慈禧阅讫。冷笑曰："尔竟敢如此大胆！"立焚之。

又有记载说：

> 及上崩，德宗（光绪帝）立，毅皇后以与所草之遗诏不符，剧悲痛，事为那拉氏所知，亟召至，遽批其颊曰："尔既害吾子，尚思作皇太后耶？"毅皇后跪于地，泣不止，久之，始还宫，益痛不欲生。

总之，这些记载透露出的一个重要信息，即几乎都是围绕一个皇权继承问题。慈禧与嘉顺之争，绝不是一般的婆媳不和，而是更深层次的皇权归属之争。初出茅庐的阿鲁特氏，哪里是久经沙场的叶赫那拉氏的对手。光绪帝即位后，两宫以太后的身份垂帘，阿鲁特氏便处于十分难堪的地位。她本应是太后，但做不了太后。做皇后吧，将来光绪帝亲政后必然要立个皇后。因此，就把她逼上了死路。

其父崇绮入宫探视，分析了整个情况。他很有头脑，向慈禧上奏如何办，慈禧明确地说："皇后如此悲痛，即可随大行皇帝去吧。"据说阿鲁特氏在走投无路时，曾写一字条请命于崇绮，崇绮批了个"死"字。这也是不得已而为之的。

关于她的死，《清史稿》记道：

85

（光绪）二年五月，御史潘敦俨因岁旱，上请更定谥号，谓："后崩在穆宗升遐百日内，道路传闻，或称悲伤致疾，或云绝粒賈生，奇节不彰，何以慰在天之灵？"

这个御史胆量很大，但是慈禧绝对不允许有人攻讦自己，她降旨处分了这个胆大的潘御史："其言无据，斥为谬妄，夺官。"这就压下了不平的舆论。可以说，阿鲁特氏是自尽的。

第六个谜案

慈安太后突然死亡之谜

慈安太后是正宫娘娘，是后宫的一把手，位于慈禧太后之前。慈安，钮祜禄氏，满洲镶黄旗人，广西右江道穆扬阿之女。生于道光十七年七月十二日（1837 年 8 月 12 日）。慈安比慈禧小两岁。咸丰二年（1852 年）二月，15 岁以秀女入选，封贞嫔。五月，晋封贞贵妃。六月，立为皇后。15 岁的慈安就当上了皇后。

可是，光绪七年三月初十日（1881 年 4 月 8 日），慈安太后突然死去。

慈安太后死得突兀，才 45 岁，正当盛年，人们没有任何思想准备。因此，她死的当时，就产生了很多流言。有的说是被人谋害的，有的说是吞物自杀的，也有的说是正常死亡的。在流言中，谋害慈安的凶手就是慈禧了。慈禧谋害慈安的记载，在野史、笔记中流传甚广，几成泛滥

慈安太后画像

之势。我们应该如何看待这些流言呢？到底是不是慈禧谋害了慈安呢？

一　野史的猜测记载

关于慈安的死，出现了种种不同的说法。归纳起来，大体有三说：第一种是正常死亡说，第二种是被人害死说，第三种是吞物自杀说。

第一种，正常死亡说。光绪七年三月初十日（1881 年 4 月 8 日）当天发下上谕：

> 初九日，慈躬偶尔违和，当进汤药调治，以为即可就安。不意初十日病情陡重，痰壅气塞，遂致大渐，遽于戌时仙驭升遐。呼抢哀号，曷其有极。

这是朝廷发布的正式哀告，写出了从发病到死亡的整个过程。不难看出，这个哀告宣布慈安是正常死亡。

第二种，被人害死说。被人害死说中的凶手，指的就是慈禧，说慈禧害死了慈安。这种说法又有两说。

其一，毒饼害死。这个说法最早来源于恽毓鼎的《崇陵传信录》：

> 十一日（笔者按：应为十日），慈安闲立庭中，倚缸玩金鱼，西宫太监捧盒至，跪陈曰："外舍顷进克食（满洲语，牛奶饼之类），西佛爷（慈禧）食之甚美，不肯独用，特分呈东佛爷（慈安）。"慈安甚喜，启盒，拈一饼对使者尝之，以示感意。旋即传太医，谓东圣骤痰厥，医未入宫，而凤驭上升矣。

这个说法，《清朝野史大观》又加铺演：

　　二人座谈时，慈安后觉腹中微饥，慈禧后令侍者奉饼饵一盒进。慈安后食而甘之，谓："似非御膳房物。"慈禧后曰："此吾弟妇所馈者，姊喜此，明日当令其再送一份来。"慈安后方以逊辞谢。慈禧后曰："妹家即姊家，请弗以谢字言。"后一二日，果有饼饵数盒进奉，色味花式，悉如前。慈安后即取一二枚食之，顿觉不适，然亦无大苦。至戌刻，遽逝矣。年四十有五。噫，此可以想见矣。

这里有情节，有对话，比前一段记载有很大发展。

《述庵秘录》言简意赅：

　　孝贞故喜小食，薨日，慈禧以糕饼进御，逾数时薨。

《十叶野闻》绘声绘色：

　　先是慈安故喜小食，常以点心盒自随，觉饥则任意取食，其间糕饼、饽饽、寒具之属罔不备。慈禧窥之稔，乃乘间言，有膳夫能制小食，颇极精致，愿献薄物，求太后鉴赏。慈安以为爱己，喜而受之，即食，适值召见军机之期，遂出坐朝，是时辛亥（辛巳）春三月十日也。觐见者为枢府王大臣恭亲王奕䜣、大学士左宗棠、尚书王文韶、协办大学士李鸿藻等，

厚重的养心殿匾额

91

俱言确见慈安御容和怡，无婴疾色，但两颊微赤，状如半醺，亦不以为异也。已午后四钟，内廷忽传孝贞太后崩。

《坚冰志》似曾目睹：

> 未几，孝贞暴崩，唇黑类中毒者，外廷咸以为疑。

这些记载，是说慈禧太后阴送毒饼，害死了慈安太后。

其二，错药致死。《清朝野史大观》记道：

> 或曰：慈禧命太医院以不对症之药，致死之。

慈禧看到慈安患病，特命太医院御医故意给慈安不对症的药，因错药害死了慈安。这也是一种民间传说。

第三种，吞物自杀说。《清稗类钞》说：

> 或曰：孝钦（慈禧）实诬以贿卖嘱托，干预朝政。语颇激。孝贞（慈安）不能容，又以木讷不能与之辩。大恚，吞鼻烟壶自尽。

这是说，慈禧诬称慈安贿卖官爵，干预朝政，语言严厉刺激。慈安感到很委屈，不能容忍，但自己又言语木讷，不会申辩，十分愤怒，于是就吞鼻烟壶自杀了。其实，这种说法应是慈禧对慈安的诬蔑。

那么，慈禧为什么要毒死慈安呢？据野史传说，原因有四：

第一，因为咸丰密诏事。据《崇陵传信录》载：

> 相传两太后一日听政之暇，偶话咸丰末旧事，慈安忽语慈禧曰："我有一事，久思为妹言之。今请妹观一物。"在箧中

取卷纸出，乃显庙（咸丰帝）手敕也，略谓：叶赫氏祖制不得备椒房，今既生皇子，异日母以子贵，自不能不尊为太后，唯朕实不能深信其人。此后如能安分守法则已，否则汝可以此诏，命廷臣传遗命除之。慈安持示慈禧，且笑曰："吾姊妹相处久，无闲言，何必留此诏乎？"立取火焚之。慈禧面发赤，虽申谢，意怏怏不自得，旋辞去。

"显庙手敕"即是指咸丰帝之手诏。这里把手诏的内容也写出来了。

《清朝野史大观》记：

慈安后忽慨然曰："吾姊妹今皆老矣。旦夕当归天上，仍侍先帝，吾二人相处二十余年，幸同心，无一语勃谿。第有一物，乃畴昔受之先帝者，今无所用之矣。然恐一旦不讳，失检藏，或为他人所得，且致疑吾二人貌和而阴妒忌者。则非特吾二人之遗憾，抑且大负先帝意矣。"语次，袖出一函，授那拉氏，使观之。那拉氏启视，色顿变，惭不可抑，函非他，即文宗所付之遗诏也。观毕，慈安后仍索还，焚于烛上，曰："此纸已无用，焚之大佳。吾今日亦可以复命先帝矣。"

以上两则记载，虽细节略有不同，但情节大体一致。说的是咸丰帝留有密诏，命慈安在慈禧不安分守己时，用密诏处死慈禧。慈安拿出密诏给慈禧看，并亲手焚之。由于慈安没有了尚方宝剑，慈禧便毒死了她。

第二，因为东陵致祭事。据说在光绪六年（1880 年）到东陵祭奠咸丰帝，慈安认为她是正宫皇太后，在祭奠典礼时，她的位置应排在慈禧之前。而慈禧则坚决不允。两人在陵寝之地发生了激烈的争论，后来还是照慈禧的意见办了。两人并列，不分先后。但是，慈禧认为这是慈

93

养心殿鸟瞰

安在有意羞辱自己，"因愈不悦东宫"，而动杀机。

第三，因为金姓伶人事。据说，有个姓金的京戏演员得到慈禧的专宠，随意出入宫禁。有一次，慈安前往慈禧住处探视病情，偶见慈禧同金某躺在床上。慈安对慈禧"痛数责之"。慈禧当时认了错，并把金伶逐出宫，且赐死，但慈禧也萌了杀死慈安的念头。

第四，因为宠李连英事。据说慈禧宠信总管太监李连英，李越发骄横，唯慈禧之言是听。一日，慈安乘辇过某殿，李连英与小太监角力，对慈安置若罔闻，慈安大怒，欲杖责之。慈安这口气难咽，立刻到慈禧住处，教训了慈禧一顿，慈禧不服，两人因此闹翻。"不数日，即有慈安暴崩之事。"

以上都是野史传闻，正史无记载。平心而论，这些记载都是禁不住推敲的。即使如光绪帝的日讲起居注官恽毓鼎的记载，也是不可靠的。著名学者金梁即对此提出质疑："近人依托宫闱，流言无实，尤莫甚于恽氏笔录所载孝贞暴崩事。即云显庙手敕焚毁，敕语何从而知？食盒外进，又谁确见？恽氏曾事东朝，横造影响无稽之言，后之览者，宜深辟之。"

金梁的质疑是有道理的。请问，手诏既然已经焚毁，怎么能知道手诏的内容呢？送有毒的点心，谁曾亲见呢？金梁告诫我们，应该坚决摈弃这个谬说。

学者张孟劬也认为："近代无实文人最喜依托宫闱，增成其说，凡笔之书者，大都流言猥琐，羌无故实，而尤莫甚于恽毓鼎《崇陵传信录》所载孝贞暴崩事。夫既云显庙手敕焚毁，语何从而知？食盒外进，又谁经见？"

金梁和张孟劬的看法是很有道理的。

当然，因为慈安死得太突然，对于她的死，当时人也是有怀疑的。

据说御医薛福辰即持怀疑态度。《清稗类钞》记道：

> 孝贞后崩之前一夕，已稍感风寒，微不适。翌晨召薛福辰请脉（医士为帝后诊脉称请脉）。福辰奏微疾不须服药，侍者强之，不得已为疏一方，略用清热发表之品而出。是日午后，福辰往谒阎敬铭，阎留与谈。日向夕，一户部司员满人某，持稿诣请画诺。阎召之入，画稿毕，某司员乃言："出城时，城中宣传东后上宾，已传吉祥板（禁中谓棺曰吉祥板）矣。"福辰大惊曰："今晨尚请脉，不过小感风寒，肺气略不舒畅耳，何至是？或西边（西太后）病有反复，外间讹传，以东西互易耶？"有顷，内府中人至，则噩耗果确矣。福辰乃大戚，曰："天地间乃竟有此事！吾尚可在此乎？"

这是当时人记载的薛福辰的反应。不过，据《翁同龢日记》记载，御医薛福辰并没有为慈安诊脉，所以，有关薛的记载是不足为凭的。

据说军机大臣左宗棠也持怀疑态度。《清稗类钞》记道：

> 于时左宗棠方长军机，次晨又入，与本列语孝贞病状，左顿足大声曰："吾昨早对时，上边语言清朗周密，何尝似有病者！即云暴疾，亦何致如此之速耶？恭王在庭，亟以他语乱之。"

左宗棠于光绪七年（1881）正月入军机处任军机大臣，九月授两江总督离开军机处，此时正在军机处。左宗棠的怀疑倒是可以理解的。然而，这个记载不是出自左宗棠本人。我们无法证实左宗棠是否说了这样的话。即使左宗棠说了这样的话，也是可以理解的。因为慈安患的是心脑血管疾病，突然死亡就不足为奇了。

二 日记的权威记录

其实，记载慈安死亡前后的最权威的第一手资料是《翁同龢日记》。翁同龢当时任毓庆宫行走，是光绪帝的师傅，参与国家机要大事。而且，亲自参与了慈安的葬仪。他的记载应该是可信的，是权威记录。

初十日记道：

> 慈安太后感寒停饮，偶尔违和，未见军机，戈什爱班等皆请安，余等稍迟入未及也……夜眠不安，子初（23 时许）忽闻呼门，苏拉李明柱、王定祥送信，云闻东圣（慈安）上宾，急起检点衣服，查阅旧案，仓促中悲与惊并。

十一日记道：

> 子正（24 时）驰入，东华门不拦，月明凄然。入景运门，

门者亦无言，徘徊乾清门下，遇一老公、一侍卫，皆言微有所闻而不的。诸门下锁，寂无人声。出坐朝户，燮臣来，景秋翁来，云知会但云病势甚危。须臾诸公陆续来，入坐内务府板房，枢廷在彼，伯寅、绍彭皆来，犹冀门不开或无事也。待至丑正三刻（2时45分）开乾清门，急入，到奏事处，

光绪帝的师傅翁同龢

则昨日五方皆在，晨方天麻胆星，按云类风痫甚重。午刻（11—13时）一方按无药，云神识不清牙紧。未刻（13—15时）两方虽可灌，究不妥云云，则已有遗尿情形，痰壅气闭如旧。酉刻（17—19时）一方云六脉将脱，药不能下，戌刻（19—21时）仙逝云云。始则庄守和一人，继有周之桢，又某共三人也，呜呼奇哉（初九日方未发）。诸臣集南书房（摘缨），余出告同人并谕诸司速备一切，诸司亦稍稍来，余出入景运门凡二次。日出起下，军机一起，已而传旨，惇（惇亲王奕誴）、醇（醇亲王奕譞）、惠（惠亲王绵愉）三王、谋公（伯彦纳谟祜）、御前大臣、军机大臣、毓庆宫、南书房、内务府大臣同至钟粹宫哭临。请旨入殿否，曰入。偕诸公历东廊而东，至宫门长号，升阶除冠碰头，伏哭尽哀。灵驭西首，内臣去面幂令瞻仰，痛哉痛哉，即出，已辰末（9时）矣。归家小憩，而司官来回事不断。做白袍带，以青袖蒙袍，派定夹杠

人数（总办八人，帮办二人，于五更时议定，令司官特回，全师照发）。午正（12时）复入，青长袍褂，由牌楼门穿而西，先看幡竿等，到朝房小坐。始见谕旨，派惇亲王、恭亲王、贝勒奕劻、额驸景寿、大学士宝鋆、协办大学士灵桂、尚书恩承、翁同龢，恭理丧仪。遂入慈宁宫与内府诸公坐上殿，看金匮安奉正中（甚大，时灵驭已移至宫，安奉于金匮之西），看朝帘，殊合式。出再至朝房，良久复入，至门外，宝相于典礼旧事皆茫然，问礼王亦云不记。归时惇邸并立，乃与议定带桌子，带喇嘛。未正二刻（14时45分），大敛毕，开门。余随诸公带侟侟桌子入，至檐下，宫人及内府妇人陈设毕，上由东箱来奠，余等随跪（一叩三叩），哭不停声，上起还宫。撤桌出至门外，喇嘛入唪咒，余等复入，咒毕出。无事矣，遂归。

最重要的是，翁同龢亲自参与了慈安的葬仪，并且写了日记。翁同龢的记载可以澄清如下疑点：

第一，发病是否突然。从记载看，慈安发病是很突然的。初十日，她没有召见军机大臣，原因只是听说"偶尔违和"。但是，半夜叫门，苏拉传信听说"东圣上宾"，慈安已经死了。

第二，治病是否及时。翁同龢半夜12时急忙入宫，同诸王大臣一直等到午夜2时45分，始入宫内，这时见到了初十日御医为慈安开的5个药方。早晨药方已明白写出病情"类风痫甚重"。午间药方说"神识不清牙紧"，病势转危，险情已现。午后二方说，想尽方法灌药，但"究不妥"，即束手无策，"痰壅气闭如旧"，没有任何好转，且"有遗尿情形"，神志不清，濒临死亡了。午后6时左右"六脉将脱"，8时左右就"仙逝"了。从这5个药方看，治病是及时的。先是御医庄守和，后又是御医周之桢和某，三位在侧。但是，他们三人都没能使慈安活过来。

第三，遗容是否瞻仰。王大臣到了慈安寝殿钟粹宫，慈禧命太监揭

神秘的钟粹宫。慈安太后居住于此，并在此病逝

去了"面幂"，"令瞻仰"。瞻仰遗容的有惇亲王奕誴、醇亲王奕𫍽、惠亲王绵愉三王，还有公伯彦纳谟祜、御前大臣、毓庆宫行走、南书房行走、内务府大臣等。慈禧并没有遮遮掩掩，而是大大方方地命所有在京的王公大臣都来瞻仰遗容，这既看出了慈禧的远见卓识，也说明了慈禧心中无鬼。

如果慈安是中毒身亡，其症状应该似武大郎一样。《水浒全传》第26回记道："何九叔说：'到那里揭开千秋幡看时，见武大面皮紫黑，七窍内津津出血，唇口上微露齿痕，定是中毒身死。'"中毒身亡的外表症状是，面皮紫黑，七窍流血，唇留齿痕。这些外在的症状是遮掩不住的。西门庆和潘金莲合谋毒死武大郎，在武大郎的身上留下了不能抹掉的证据。但是，慈安的遗体上没有任何中毒的痕迹。

第四，大殓是否过早。有的野史说，慈安的棺材很小，事实是金匮

温和的慈禧太后像

"甚大"，说明慈禧没有慢待慈安。未正二刻（14 时 45 分）大殓。皇太后死，第二天装入棺材，是完全合乎清代礼制的。据清史记载，皇太后死后一般也是第二天入殓的。有的野史说，似乎慈禧怕别人看到慈安的遗体，所以提早入殓，这是无稽之谈。

以上不难看出，慈安突然发病，很快死去。治疗是及时的，但因病情甚重，御医虽全力抢救，亦回天乏术了。

那么，如何理解翁同龢的那个"呜呼奇哉"呢？其实，可以理解为死得太快，出乎意料，因此，翁同龢十分惊讶。

《翁同龢日记》的其他记载，也完全说明了慈禧对慈安的丧礼是极为重视的，并不像野史所说的"减杀丧仪"等。甚至连谥号，慈禧也是完全尊重王大臣所拟的"孝贞慈安裕庆和敬仪天佑圣显皇后"，承认了"贞字正也"的事实。因为这是咸丰帝所命，"当时即寓正位之意"。而且翁同龢亲见慈禧亦戴孝："恭闻慈禧以白绢蒙首，簪以白金，《周礼》所谓首绖者也，缘情制礼，不胜钦服。"此情此景，翁同龢也是佩服的。

其实慈禧没有必要害死慈安。因为慈安基本上不过问政事，一味退让，对政事既不大懂，又不感兴趣。从她接见鲍超的记载，就可以看出她的政治水平了。慈安接见臣工的记载十分罕见，据说只有陈昌的《霆军纪略》中记录了光绪六年（1880 年）五月二十七日鲍超觐见请训情形：

> 孝贞显皇后问：你这到湖南好多路？奏：轮船不过十余日
> 至湖北，由湖北不过十余日即到任所。问：你咳嗽好了没有？
> 奏：咳嗽已好。谕：我靠你们在外头，你须任劳任怨，真除情
> 面，认真公事！奏：仰体天恩，真除情面，认真公事，不敢有
> 负委任。问：湖南有洋人否？奏：洋人曾到湖南，因湖南百姓
> 聚众一赶，后遂未到湖南。（下略）

从以上记载可以看出慈安的召见只是礼仪性的，问问身体如何，没
有任何指示性意见和指导性见解，说明慈安不大懂政治。此次召见也是
因为慈禧患病，慈安不得已而为之。薛福成说："东宫见大臣，讷讷如
无语者。每有奏牍，必西宫为诵而讲之，或竟月不决一事。"这应该是
实际情况。

慈安对慈禧构不成威胁，同时在许多重大问题上，她们俩的意见基
本是一致的。因此，慈禧没有必要害死慈安。

三　慈安的死因分析

慈安其实是死于突发的疾病。那么，慈安到底死于何种突发的疾病
呢？细查《翁同龢日记》，可知慈安早就患有严重的隐疾。《翁同龢日
记》中有两则关于慈安发病的记载十分重要，但多年来一直被人们忽
略了。

这两则日记是：

第一则日记。同治二年二月初九日（1863 年 4 月 6 日）：

> 慈安皇太后自正月十五日起圣躬违豫，有类肝厥，不能言
> 语，至是始大安。

这时慈安才 27 岁。从正月十五日到二月初九日，共病了 24 天，病势沉重。

第二则日记。同治八年十二月初四日（1870 年 1 月 5 日）：

> 昨日慈安太后旧疾作，厥逆半时许。传医进枳实、莱服子。

6 年后，即她 34 岁时，病情又一次发作。

从这两次发病的情形看，慈安肯定患有严重的疾病。发病的特点是"不能言语"，"厥逆半时许"。一个时辰是 2 个小时，半个时辰是 1 个小时。即突然晕倒，不省人事达 1 个多小时。从用药看，枳实、莱服子是起降气调肝、安神宁志作用的。懂些医道的翁同龢怀疑是"肝厥"。笔者为此请教了著名的中医专家，专家认为慈安患的确是厥证。厥证是以突然昏倒、不省人事、四肢厥冷为主要表现的一种病症。轻者昏厥时间较短，自会逐渐苏醒。重者则会一厥不醒而导致死亡。《类经·厥逆》指出："厥者，逆也，气逆则乱，故忽为眩什脱绝，是名为厥……轻则渐苏，重则即死，最为急候。"《素问》认为："暴厥者，不知与人言。"《石室秘录》记道："人有忽然厥，口不能言，眼闭手撒，喉中作酣声，氮气甚盛，有一日即死者，有二三日而死者。"

慈安这两次发病类似厥证。

但这次发作来得突兀。刚开始没引起足够重视，以为只是"偶尔违和"。实则是危症的前兆。从五个药方看，慈安的病十分严重，"风病甚重""神识不清""遗尿情形""痰壅气闭"，等等。这些症状说明是突然昏倒、不省人事、口噤拳握、呼吸气粗的典型的气厥证。据专家对这三次发病的综合分析，他们认为，慈安患的是脑血管疾病，很可能是脑出血。脑出血即使放到现在，也是不治之症，何况 100 年前呢！

慈安为什么得此重病？一般诱因有两种，一种是恼怒惊骇，另一种

慈禧十大谜案破解

是疲劳过度。慈安是一位性情温和的人，此时也没有什么引起她烦恼的事。她的发病是因为疲劳过度。其实，光绪六年（1880 年）慈禧大病一场，光绪七年（1881 年）一月又病了一场。

《翁同龢日记》光绪七年一月记道："云慈禧圣体渐起，十日如此，可保无事。"慈禧患病期间慈安不得不出来处理政事。慈安的知识容量、决策水平和应对能力都远远不如慈禧，她感到十分吃力。因疲劳过度引发脑出血，是极有可能的。

她的病至少发作过三次，一次是 27 岁，一次是 34 岁，一次是 45 岁。最后这次没有醒转过来。慈安应是正常死亡。

但是，不管怎么说，从后果来看，两宫垂帘变成了一宫垂帘。慈禧大权独揽，了无顾忌，我行我素，为所欲为，成了名至实归的太上皇后。

第七个谜案
与恭亲王奕訢关系之谜

　　慈禧同他的小叔子恭亲王奕訢之间的关系，恩恩怨怨，起起伏伏。从咸丰十一年（1861年）他们精诚合作起，到光绪二十四年（1898年）奕訢病故止，在38年漫长的时间里，他们有密切的合作，也有尖锐的冲突。有的小说家甚至猜测慈禧和他的小叔子恭亲王奕訢之间，关系暧昧。这当然是小说家的一种想象，一种虚构。考诸史实，他们之间纯粹是一种政治关系，一种利害关系。

　　回顾他们之间的关系史，大体可以划分为四个阶段：第一阶段，重用恭亲王奕訢；第二阶段，剥夺奕訢要职；第三阶段，罢黜奕訢各职；第四阶段，重新起用奕訢。

　　他们之间的关系，完全以慈禧对奕訢的态度为转移。

一　重用恭亲王奕訢

　　两宫太后在奕訢集团的紧密配合下，一举击败了肃顺集团，取得了政变的决定性胜利，掌握了国家的最高统治权力。当务之急，是稳定人心，控制大局。

　　控制大局的关键是尽快组成新的领导班子，以免造成权力真空。新的领导班子的组成，首先表现在对恭亲王奕訢的重用上。

　　恭亲王奕訢是个不可多得的忠臣。奕訢在辛酉政变中，运筹帷幄，张弛有度，上下联络，左右周旋，是个掌握政变进程的核心人物。而慈

恭亲王奕訢青年侧身像

禧初涉政坛，缺乏经验，但她慧眼识人，胆略兼备。对奕訢，她用而不疑，付以重托，使奕訢放开手脚地去谋划，终使政变成功。这次政变，慈禧设谋在先，慈安听命于后。萧一山评道："凡此皆那拉氏之谋，而元后（慈安）但赞成之而已。"慈禧与奕訢，配合之默契，堪称珠联璧合。

因之，对奕訢，在政变发作的第二天，即咸丰十一年（1861 年）十月初一日，两宫皇太后以同治帝的名义连发两道谕旨，一是授予议政王兼军机大臣，另一是补授宗人府宗令。十月初二日又连发两道谕旨，一是补授总管内务府大臣，另一是着管理宗人府银库。

两天之内，连发四谕。奕訢得到了除两宫太后和幼帝以外的几个最重要的职务。其中尤其是议政王这一头衔，使他明显地凌驾于其他诸王之上，成为两宫太后和幼帝之下的第一人。而宗人府位居内阁六部之上，宗令是宗人府最高长官，是管理皇族内部事务的要职。宗令有权赏罚皇族成员。这就赋予了奕訢明正言顺地处分载垣、端华和肃顺的特权。总管内务府大臣是管理宫廷事务的最高长官，因接近皇帝，掌握实权。

插叙一下。清朝宗室的爵位，据《清史稿》载，分为 12 等：和硕亲王、多罗郡王、多罗贝勒、固山贝子、奉恩镇国公、奉恩辅国公、不入八分镇国公、不入八分辅国公、镇国将军、辅国将军、奉国将军、奉恩将军。第一等爵位是亲王，第二等爵位是郡王，第三等爵位是贝勒，

慈禧十大谜案破解

第四等爵位是贝子。吴振棫《养吉斋丛录》说，清朝宗室爵位划分为14等。应以12等为是。

不仅如此，两宫太后秉政之初，对恭亲王奕䜣也是非常倚重的。《慈禧外纪》说：

> 慈禧秉政之初，一切政事尚未熟习。且京中党派分歧，尤难操纵，外交之事，又不易办。恐己不易压服，遂引恭王以为己助。恭王当国久，经历多，故倚之如左右手。

这是符合实际情况的。因此，除授予上述的要职外，两宫皇太后又加给了奕䜣许多恩典。

十月初八日，赏赐奕䜣亲王爵世袭罔替，奕䜣坚辞，改赐亲王双俸，为此特颁上谕，加以表彰：

> 我母后皇太后、圣母皇太后再三申明，此系先帝恩旨，而该王辞谢倍力，声泪俱下。两宫皇太后未忍重拂其意，不得已姑从所请，将世袭亲王罔替之旨暂从缓议，俟朕亲政之年，再行办理。恭亲王奕䜣着先赏食亲王双俸，以示优礼。

这里的"此系先帝恩旨"，显然不是事实。因为咸丰帝临死前对其弟奕䜣是有猜忌心理的，不然不会将他排斥在顾命八大臣之外。但是现在这样说，就使政变显得更加合法化，不仅是两宫太后的意思，也是咸丰帝的本意了。

十月初十日，两宫太后懿旨，命大学士会同六部九卿，详议具奏奕䜣生母康慈皇太后应如何议加尊谥。这是奕䜣的一个心病。

十月二十一日，大学士九卿会议，同上奕䜣生母康慈皇太后尊谥，请升祔太庙，并据请将前上尊谥改拟，加至12字，以表尊崇，谥曰："孝静康慈懿昭端惠弼天抚圣成皇后。"对奕䜣生母的尊重，就是对奕诉的尊重。

十二月初九日，两宫懿旨"恭亲王长女聪慧轶群"，晋封为固伦公主。"所有服色体制，均着照固伦公主之例"办理。清制中宫嫡女曰固伦公主，妃嫔所出称和硕公主。若中宫抚养宗室女遣嫁时，礼遇可比之和硕公主。因此，对非皇后的奕䜣之女赏固伦公主名衔，是有清空前绝后之一例。这表明慈禧对奕䜣的信任。

严肃的恭亲王奕䜣

同治元年正月初一日（1862年1月30日），两宫懿旨赏恭亲王奕䜣在紫禁城内坐四人轿，又恭亲王之子载澂赏戴三眼花翎。

恭亲王府怡春坞

这一切都说明了两宫太后，尤其是慈禧，对奕䜣是十分重用的。《慈禧外纪》说："以事实观之，既有两宫持政，可无须辅佐之人。慈禧深感恭王在热河助己，以其女为大公主，准用黄轿，故恭王颇有大权。"这话是不差的。

新的领导班子的组成，还表现在军机处的重组上。

军机处是清代特殊的政治机构，是直接秉承皇帝意旨承办一切重大政务的中枢。军机处实际上是皇帝内廷的办公厅或机要室，地位极其重要。军机大臣，俗称大军机，分设满、汉员。由各部尚书、侍郎、总督等奉旨应召入值，为兼差，其数无定额。由亲王或大学士为首领，称"揆首""领袖"。军机大臣称为"军机大臣上行走"。初入军机处者，有的因资历较浅，加"学习"二字，称"军机大臣上学习行走"。过一二年，再相机去掉"学习"二字。

政变结束，必然要组成为两宫太后服务的新的军机处。

恭王府花园之长廊

111

咸丰十一年十月初一日（1861 年 11 月 3 日），连发两道上谕。任命大学士桂良、户部尚书沈兆霖、户部右侍郎宝鋆，均着在军机大臣上行走。而在这次政变中功劳卓著的鸿胪寺少卿曹毓瑛，在军机大臣上学习行走。原为军机大臣的户部左侍郎文祥，着仍在军机大臣上行走。恭亲王奕訢为首席军机大臣。

这样，以恭亲王奕訢为首组成了新的六人军机处。

这一切，都反映了两宫皇太后，尤其是慈禧对恭亲王奕訢的信任与倚重。恭亲王奕訢甘为所用，心悦诚服。但是，奕訢没有料到，时间一久，慈禧对他渐生疑忌。

二　剥夺奕訢要职

恭亲王奕訢以议政王的名义，辅佐两宫皇太后执政。但不到 4 年，慈禧对奕訢渐生不满。慈禧想要教训教训奕訢。此时恰好有一个叫蔡寿祺的御史上一奏折，弹劾奕訢。慈禧得到这颗炮弹，想要好好用一用。

同治四年三月初四日（1865 年 3 月 30 日），恭亲王奕訢照常入值觐见两宫皇太后。慈禧拿出一件奏折，严肃地对奕訢说：

"有人弹劾你！"

奕訢一愣，扫了一眼奏折，不以为然地问：

"是谁上的奏折？"

慈禧非常不满意奕訢的傲慢态度，不情愿地答道：

"蔡寿祺！"

奕訢脱口而出：

"蔡寿祺不是好人！"并要逮问蔡寿祺。

两宫皇太后一看奕訢不仅不承认错误，反而要逮问提意见的人，立刻大怒，当即斥退奕訢。然后避开以奕訢为首席军机大臣的军机处，单独召见大学士周祖培、瑞常，吏部尚书朱凤标，户部侍郎吴廷栋，刑部侍郎王发桂，内阁学士桑春荣、殷兆镛等。

慈禧十大谜案破解

庄严的养心门

慈禧哭哭啼啼地说：

"王植党擅权，渐不能堪，欲重治王罪！"

诸大臣看到太后盛怒，事发突然，不知慈禧葫芦里卖的是什么药，面面相觑，胆战心惊，不敢答话。

慈禧反复开导说：

"诸臣当念先帝，无畏王；王罪不可逭（huàn），宜速议！"

老僵持着也不是办法。周祖培老谋深算，磕着头说：

"此唯两宫乾断，非臣等所敢知。"

把球轻轻地推了回去。

慈禧不依不饶：

"如果这样，还用你们干什么？等皇帝将来长大成人，你们怎样面对？"

113

周祖培略一沉吟，找到了一个缓兵之计，他答道：

"此事须有实据，容臣等退后纠察以闻。并请与大学士倭仁共治之。"

这时慈禧才让他们退下。各位大臣已汗流浃背了。

蔡寿祺何许人也？他是江西德化人，道光二十六年（1846年）入京，中式后服官京曹，并曾在胜保营中稽核军务。他出京后，先后到成都、重庆，但官运不佳。直到同治四年（1865年）二月才任署日讲起居注官。因在宫内，听说慈禧不满意恭亲王奕䜣，"平时蔡御史闻之，疏劾王贪恣"。在弹劾奕䜣之前，他先上了一道洋洋万言的封奏，痛陈时政，并指斥湘军人物，以为政治试探。看看未受到申斥，又听到宫内的传言，为博取敢言之誉，他便上疏弹劾奕䜣，"一举成为天下皆知之人"。他是个投机取巧、苟且钻营的人。

原来同治四年三月初四日（1865年3月30日），日讲起居注官编修蔡寿祺上疏弹劾奕䜣贪墨、骄盈、揽权、徇私之弊。

贪墨是指奕䜣收受贿赂，任用私人。"近来竟有贪庸误事，因挟重资而内赝重任者，有聚敛殃民因善夤缘而外任封疆者，至各省监司出缺，往往用军营骤进之人，而夙昔谙练军务通达吏治之员，反皆弃置不用。"

骄盈是指奕䜣居功自傲，群相粉饰。"自金陵克复后，票拟谕旨多有大功告成字样，现在各省逆氛尚炽，军务何尝告竣，而以一省城之肃清，

奕䜣以"钦差大臣和硕恭亲王"名义发布的公告

114

附近疆臣咸膺懋赏，户兵诸部胥被褒荣，居功不疑，群相粉饰。"

揽权是指奕䜣打击谏官，杜塞言路。他说，遇有空缺，"部曹每得善地，谏臣均放边疆，虽会逢其适，而事若有心。至截取一途，部曹每多用繁，御史则多改简，以故谏官人人自危"。

徇私是指奕䜣偏袒左右，庇护部下。他认为奕䜣祖护总理衙门，"总理通商衙门保奏更优，并有各衙不得援以为例之语"。

在弹劾奕䜣的罪状之后，蔡寿祺向慈禧建白："臣愚以为，议政王若于此时引为己过，归政朝廷，退居藩邸，请别择懿亲议政，多任劳成，参赞密笏，方可保全名位，永荷天庥。"这是声言奕䜣交出手中的权力，回家颐养天年。怂恿慈禧罢免奕䜣，剥夺他的一切权力。

这个奏折，语句含糊，意思空泛，缺乏实据，不能服人。

大学士倭仁、周祖培等不敢迟延，于三月初六日齐集内阁开会。他们把蔡寿祺召到内阁追供。大臣们极为慎重，按奏折弹劾多款，逐项询问，令其据实逐一答复，并亲写供纸。但蔡供实无据。他所指斥的四条罪状，只在贪墨一条上，指出薛焕、刘蓉二人，但还是风闻，不是亲见。其余三条，除奏折上说得含糊其词的话之外，没有任何证据。这就说明蔡的上疏纯属毫无根据的诬告。

然而，倭仁等都是富有政治斗争经验的老臣，他们还摸不清慈禧的底牌，因此，他们的奏折在措辞上便留有很大的回旋余地："阅原折内贪墨、骄盈、揽权、徇私各款，虽不能指出实据，恐未必尽出无因。况贪墨之事本属暧昧，非外人所能得见。至骄盈、揽权、徇私，必于召对办事时流露端倪，难逃圣明洞鉴。臣等伏思黜陟大权操之自上，应如何将恭亲王裁减事权，以示保全懿亲之处，恭候宸断。"

他们猜测两宫太后是想适当地"裁减"奕䜣的一些事权，便把球轻轻地推了回去。

三月初七日，他们递上了复奏。不料，慈禧根本没看他们的奏折，而是拿出了她自己亲笔书写的谕旨给他们看。这完全出乎意料，也使他们意识到了问题的严重性。

慈禧手书的罢免奕䜣的朱谕，虽错别字连篇，但文字尚通顺。由于她平时亲阅奏折，因而掌握了上谕的一般用语和通用格式。这是迄今为止我们所能见到的唯一一篇慈禧亲自起草的上谕，弥足珍贵。全文如下：

> 谕在廷王大臣等同看，朕奉两宫皇太后懿旨：本月初五日据蔡寿祺奏，恭亲王办事徇情、贪墨、骄盈、揽权，多招物议，种种情形等弊。嗣（似）此重（种）（劣）情，何以能办公事？查办虽无实据，是（事）出有因，究属暧昧，难以悬揣。恭亲王从议政以来，妄自尊大，诸多狂敖（傲），以（依）仗爵高权重，目无君上，看（视）朕冲龄，诸多挟致（制），往往谙（暗）始（使）离间，不可细问。每日召见，趾高气扬，言语之间，许（诸）多取巧，满是胡谈乱道。嗣（似）此情形，以后何以能办国事？若不即（及）早宣示，朕归政之时，何以能用人行正（政）？嗣（似）此种种重大情形，姑免深究，方知朕宽大之恩。恭亲王著毋庸在军机处议政，革去一切差使，不准干预公事，方是朕保全之至意。特谕。

"恭亲王着毋庸在军机处议政，革去一切差使，不准干预公事，方是朕保全之至意。"

这哪里是裁减事权，分明是一撸到底。大臣们面色惶然，不知所措。他们不知道反复无常、性情乖戾的铁女人慈禧的真意何在，不敢贸然行事，天怒难犯啊！

大学士周祖培感到朱谕太片面了，又不敢多说，只是建议加上"议政之初，尚属勤慎"八个字。慈禧想了想，觉得加上八个字无关宏旨，便勉强同意了。然后，马上厉声说道："此诏即由内阁速行之，不必由军机！"她深悉军机处是奕䜣的班底，因而绕开军机处，直接交由内阁

慈禧十大谜案破解

办理。由此可见，盛怒之下的慈禧在处理同她合作多年的奕䜣上，态度之决绝，行动之专断。

慈禧的手书朱谕，经周祖培略加润色、点染，便交由内阁明发下来。这个朱谕在《翁同龢日记》和《晚清宫廷实纪》里作了全文记载。除上述内容外，关于军机处，交代"着责成该大臣等共矢公忠，尽心筹办"；关于总理衙门，则"责令文祥等和衷共济，妥协办理"；至于"以后召见、引见等事项，着派惇亲王、醇郡王、钟郡王、孚郡王四人轮流带领"。这就是说，慈禧把罢免奕䜣后形成的政治真空，都做了相应的弥补。

朱谕发下去了，一场风波似乎就这样平息了。

不料，上谕发下的第二天，即三月初八日，却又起波澜。惇亲王奕誴不听邪，即上一疏，表示了同两宫太后不同的意见：

> 自古帝王举措一秉至公，进一人而用之无二，退一人而亦必有确据，方行摈斥。今恭亲王自议政以来办理事务，未闻有昭著劣迹，惟召对时语言词气之间，诸多不检，究非臣民所共见共闻；而被参各款，查办又无实据，若遽行罢斥，窃恐传闻中外，议论纷然，于用人行政，似有关系，殊非浅鲜。臣愚昧之见，请皇太后皇上恩施格外，饬下王公、大臣集议请旨施行。

惇亲王奕誴是道光帝第五子，在现存的几位皇子中，他排行第一，地位较崇。他性情豪爽，直言敢谏，平时不大过问政事。但在黜陟奕䜣的这个重大问题上，他却上了一疏，明确表示不同意两宫，尤其是慈禧的处治。慈禧对他的上疏不能不格外重视。

当天，两宫太后便召见了道光帝第九子孚郡王及军机大臣文祥等，令他们传谕王公、大臣、翰、詹、科、道，于明日到内阁开会。将惇亲王的疏和蔡寿祺的折都发到会议，让他们讨论。并谕令文祥等，到内阁去传达今天两宫太后新的懿旨。这个懿旨说了一些对奕訢有利的话。因此，当天都城内盛传两宫太后"天怒已回，眷顾未替，宫中且多言恭王将复辅政矣"。

看起来，事情似乎往有利于奕訢的方面转化。

但是问题不那么简单。三月初九日，两宫太后又变卦了。她们召见了倭仁、周祖培、瑞常、朱凤标、万青黎、基溥、吴廷栋、王发桂八大臣。慈禧对八大臣怒道："恭王狂肆已甚，必不可复用。"对奕訢在用人方面百般挑剔："即如载龄人才，岂任尚书者乎？而王必予之。"同时，对奕誴上疏为奕訢说情，也极为不满，挖苦地说："惇王今为疏争，前年在热河言恭王欲反者非惇王耶？汝曹为我平治之。"这里明确地表示出，对奕訢的处分是不可更改的了。

从两宫太后处退出，大学士倭仁等忙到内阁，与六部、九卿、翰、詹、科、道开会，传达了面奉的两宫太后的懿旨。

但是，就在这个会议上，军机大臣文祥也传达了昨天面奉的两宫太后的懿旨："恭亲王于召见时一切过失，恐误正事。因蔡寿祺折，恭亲王骄盈各节，不能不降旨示惩，及惇亲王折不能不交议，均无成见，总以国事为重。""朝廷用舍，一大秉公，从谏如流固所不吝，君等固谓国家非王不治。但与外廷共议之，合疏请复任王，我听许焉可也。"

她们好像什么事儿也没发生一样，和颜悦色地说什么"恐误正事"了，"均无成见"了，"一大秉公"了，"非王不治"了。最后甚至指明下一步应如何办："合疏请复任王，我听许焉可也。"就是说，你们共同上疏请求重新任用奕訢，我照办就是。

听完文祥传达的懿旨后，户部侍郎吴廷栋当即发言，认为文祥传达的懿旨不实，倭仁也持这种看法。

两宫太后，实则是慈禧，对军机大臣文祥等三大臣和对大学士倭仁等八大臣所口述的懿旨两相歧异，大相径庭。双方皆以自己听到的懿旨为是，争执不下。怎么办呢？大家在争论后不约而同地把目光转向了道光帝第八子钟郡王。因为这两次召见，钟郡王都是以押班者的身份带领诸臣觐见的。只有他一个人分别听到了两宫太后的两次口述懿旨。他成了难得的唯一的见证人。双方都好像找到了救星似的，急不可耐地说："好了，钟王可以为我们做证。"

但是，钟王却语出惊人："你们所口述的懿旨都没错，这两次召见我听到的正是这些话。"这是怎么回事？大家面面相觑，感到无所适从，议论纷纷，拿不出个成形的意见，只好推迟到十四日再议。

光绪十二年（1886年），47岁的醇亲王奕譞在天津检阅海军时，摄于大沽口炮台

慈禧两次召见大臣，所口述懿旨前后截然相反。这足以反映出慈禧对如何处理奕䜣的矛盾心理。她一时拿不定主意，想得到王大臣的支持，因此一再召见。慈禧一再召见的目的何在？李慈铭的分析是中肯的："窃揣两宫之意，衔隙相王，已非一日，退不复用，中旨决然。徒以枢臣比留，亲藩疏请，骤易执政，既恐危中外之心；屡黜宗臣，又虑解天潢之体；攻讦出自庶僚，参治未明罪状，劫于启请，惭于改更，欲借大臣以镇众议。且王夙主和约，颇得夷情，万一戎狄生心，乘端要劫，朝无可倚，事实难图。故屡集诸臣审求廷辩，冀得公忠之佐，以绝二三之疑。"

处治奕䜣是一件麻烦事，慈禧希望得到大臣们的支持，这正是慈禧一再召见的目的。

十日、十一日和十二日三天，在外表平静的情况下，有关的人在紧张地思考着。

十三日，醇郡王奕譞自东陵工程处赶回京师，来不及休息，急忙上疏为奕䜣说情。他先赞颂两宫太后"知人善任，措置得当"，接着肯定了奕䜣"感荷深恩，事烦任重"，然后着重说明奕䜣"有失于检点之处，乃小节之亏，似非敢有心骄傲。且被参各款本无实据，若因此遽尔罢斥，不免骇人听闻，于行政用人，殊有关系"。因此，他请求两宫太后"令其改过自新，以观后效"。

　　通政使王拯也上疏言，容其前愆，责其后效。

　　御史孙翼谋也直上一疏。他说："今外难尚未尽平，民气尚未尽复，帑藏之度尚未尽裕，善后之事宜尚未尽筹。言用人，则是非议论，或无定评；言行政，则通变之权宜，非拘常例。诗曰：'发言盈庭，谁敢执其咎。'无一专任之人，此后之执咎者谁耶？"这是从国内国际形势的分析入手，来说明处理奕䜣要极为慎重。他恳请对奕䜣"可否酌赏录用，以观后效"。

　　看起来，这几天大臣们不仅在思考，而且在积极地行动。

醇亲王奕譞坐像

十四日，王大臣等在内阁复会。两宫太后将醇郡王奕譞、通政使王拯和御史孙翼谋等三人的上疏发下交议。

大学士倭仁首先拿出了疏稿。他自以为最了解慈禧的意图，因此拿出事先拟就的疏稿给大家看，并提出醇郡王等三人的疏稿根本不必讨论。这使到会的人感到很沮丧。但是王大臣们还是针对这一问题展开了热烈的争论。有的说，这是家庭纠纷，叔嫂之争，外人不好说三道四；有的说，奕訢既然屡招物议，不见得都是捕风捉影，看起来他是难以担当重任的；有的说，揭发恭王没有确据，应该允许自新，弃置可惜；有的说，两宫懿旨已颁，不应朝令夕改；有的说，从谏如流，既然罢恭王认为不妥，就应该抛开自己，收回成命。

议论纷然，莫衷一是。

看看火候到了，肃亲王拿出了一份拟好的疏稿。他认为奕譞、王拯、孙翼谋上疏的提法是可取的，也是可行的。他建议："臣等谨议恭亲王方蒙严谴，惊惕殊深，此时察其才具，再为录用。虽有惇亲王、醇郡王并各臣工奏保，总须出自皇太后皇上天恩独断，以昭黜陟之权，实非臣下所敢妄拟。所有臣等遵旨会议情形，谨缮折具陈。"这就否定了倭仁的疏稿。

肃亲王的疏稿起了扭转会议方向的大作用。众人纷纷表态赞同肃王的提法。倭仁鉴于形势，也不便固执己见，不得不修改自己的疏稿，共改了四次，形成了一个奏折：

　　臣等伏思黜陟为朝廷大权，恭亲王当皇上即位之初，维持大局，懋著勤劳，叠奉恩纶，酬庸锡爵。今因不自检束，革去一切差使。恭亲王从此儆惧，深自敛抑，未必不复蒙恩眷。以后如何施恩之处，圣心自有权衡，臣等不敢置议。

这样大学士倭仁和肃亲王的奏折取得了一致意见，都主张两宫太后对恭亲王施恩，重新录用。军机大臣们列名于倭仁奏折。在肃亲王奏折上署名的有礼亲王世铎及王公、宗室、大臣等70余人。

此外，都察院、宗人府也上了奏折。内阁学士殷兆镛、潘祖荫等也单衔上疏。

给事中谭钟麟、广成等上折奏道："海内多事之秋，全赖一德一心，共资康济，而于懿亲为尤甚。若庙廊之上先启猜嫌，根本之间未能和谐，骇中外之观听，增宵旰之忧劳，于大局实有关系。"指出国家核心领导的团结与稳定是关系到全局的大问题，不可小觑。

御史洗斌、学士王维珍也上疏言道："现在各省军务尚未尽平，如军机处、总理各国事务衙门，事繁任巨，该王素为中外所仰重，又为夷人所信服。万一夷人以此为请，从之则长其骄肆之心，不从或别启猜疑之渐，此虽系意料必无之事，总无不在圣明洞鉴之中。"这是说，罢斥奕䜣，恐怕洋人不一定同意，请慈禧三思。

这就是说，除倭仁折和肃亲王折之外，又有一批人也上了奏折。王闿运所说的"朝论大惊疑"，正是如此。这就形成了吁请重新任用恭亲王奕䜣的强大舆论力量，而且情之切切，言之凿凿。

事情到了这个地步，应该有所转圜了。慈禧摆出了虚心纳谏的姿态，于三月十六日以同治帝名义明发上谕：

> 日前将恭亲王过失，严旨宣示，原冀其经此次惩儆之后，自必痛自敛抑，不至再蹈愆尤。此正小惩大戒、曲为保全之意。如果稍有猜嫌，则惇亲王等折均可留中，又何必交廷臣会议。兹览王公、大学士等所奏，佥以恭亲王咎虽自取，尚可录用。与朝廷之意正相吻合。见既明白宣示，恭亲王着加恩仍在内廷行走，并仍管总理各国事务衙门事务。此后唯当益矢慎勤，力图报称，用副训诲成全至意。

慈禧听取了王大臣的部分意见，重新任命奕䜣在内廷行走，并管理总理各国事务衙门，但议政王和首席军机大臣的要职被剥夺了。这就是

恭王府沁秋亭

说，奕䜣被排除在最高领导层之外，不得与闻枢密。慈禧太后进一步地收紧最高的皇权。

明发上谕后，慈禧并没有立即召见奕䜣。奕䜣请求召见，她们不予理睬，以示冷淡。直到二十几天后的四月十四日，她们才召见了恭亲王。这时的奕䜣已深知慈禧的厉害。他诚惶诚恐，不知所措，深自愧悔，伏地痛哭，做出了服从谕旨、听从裁决的姿态。慈禧也许是动了恻隐之心，也许是裁抑奕䜣的目的已经达到，也许是军机处没有更为合适的人选，便于同日发了一道上谕："恭亲王着仍在军机大臣上行走，毋庸复议政名目，以示裁抑。"

这就恢复了恭亲王的首席军机大臣职，但"议政王"名目却永远地削除了。历史学者吴相湘评说："是恭亲王仍被命枢廷矣。然已无'议政王'之尊称。名位固已较前大为减削，此虽王年少不学，关于大体，积嫌蒙衅，自取之严谴，然亦太后集权之手段也。"

123

历史学者黄浚亦评道:"揆其实际,殆西后小弄玄虚,意在褫其议政王一职,以恣所欲为,非真有仇隙也。"

这两段话是有一定道理的。

作为这场斗争的尾声,还有两个插曲。

其一,同治四年九月(1865年10月),咸丰帝奉安定陵,恭亲王襄办奉安事宜有功,两宫太后欲加优奖。此时的恭亲王牢记"功高盖主"的古训,"以盈满为惧,再四固辞",再也不敢领受什么奖赏了。所以,慈禧将恭亲王交宗人府议叙,宗人府评价甚好:"唯恭亲王谊属宗藩,首参机务,近来事无巨细,愈加寅畏小心,深自敛抑。"慈禧很满意,特颁一谕旨:"所有三月初七日谕旨,着毋庸纳入起居注,以示眷念勋劳,保全令名至意。"所以《清穆宗实录》同治四年(1865年)三月初七日仅书:"命恭亲王毋庸在军机处议政,并撤一切差使。"而无慈禧起草的朱谕全文。这是慈禧为缓和同奕䜣的矛盾而采取的一个步骤。

其二,恭亲王奕䜣为了表明自己的心迹,面奏两宫太后收回对其长女封为固伦公主的成命。两宫经考虑,便以同治帝名义发一上谕,同意了他的请求,但封其为荣寿公主,所有一切仪制服色,仍照公主例。奕䜣怕功高贾祸,所以约束自己,谨慎行事。

总之,这场由两宫太后,主要是慈禧发起的对恭亲王奕䜣的斗争,前后经一个多月便基本结束了。来得突然,去得迅急。

这场斗争的起因是什么呢?

历来有三种说法:第一是安得海进谗说,第二是恭亲王傲慢说,第三是皇太后集权说。

第一,安得海进谗说。安得海是慈禧太后的御前太监,一名安德海。"狡黠多智,西太后甚嬖宠之。"安得海进谗言的说法,最早见于王闿运的《祺祥故事》:

　　而孝钦(慈禧)御前监小安方有宠,多所宣索,王(恭

慈禧十大谜案破解

亲王）戒以国方艰难，宫中不宜求取。小安不服，曰："所取为何？"王一时不能答，即曰："如瓷器杯盘，照例每月供一份，计存者已不少，何以更索？"小安曰："往后不取矣。"明日进膳，则悉屏御瓷，尽用村店粗恶者。孝钦（慈禧）讶问，以六爷（奕䜣）责言对。孝钦愠曰："乃约束及我日食耶？"于时蔡御史闻之，疏劾王贪恣。

就是说，安得海恃宠而骄，借慈禧名义，在物质要求上贪得无厌，遭到了正直的奕䜣理所当然的反对。但是，狡猾的安得海设计圈套，恶进谗言，挑拨慈禧和奕䜣的关系，制造矛盾，妄图用慈禧打击奕䜣，慈禧偏偏又中了计。而这个矛盾恰被任署日讲官的蔡寿祺得知，他认为有机可乘，便上疏弹劾奕䜣。

其实，慈禧偏听偏信安得海之类的太监的谗言，并因而猜忌、戒备恭亲王是完全可能的，也是可信的。

第二，恭亲王傲慢说。奕䜣自恃有功，每日奏对，时间既久，便放松了戒备，渐渐地把与两宫太后的等级森严的君臣关系，自觉不自觉地

恭王府正门

视如寻常百姓的叔嫂关系了。这是为两宫太后所绝对不允许的。

这里有四件典型事例。

其一是用人专断事。《慈禧外纪》说：

> 恭亲王则于用人之权，黜陟之事，不商之于太后，或升或调，皆由己意。凡关于各省之事，亦独断而行。而宫廷之间，亦渐生嫌隙，常相抵触矣。又说：恭亲王在宫廷之外，与中外官吏自由来往，不取太后意愿，辄自专擅。而太后则使太监伺察之，种种行为，皆归报于太后，乃愈启猜疑之心。

恭亲王用人专断、办事专擅，想来是有的。

其二是径入内廷事。两宫太后召见之地，任何人不得擅入。"无论若何大员，非总管太监传旨，不能径入。而恭亲王往往不俟内监传旨，径直入内，以为此制非为彼而设也。"礼节不周，想来也是有的。

恭王府后罩楼

慈禧十大谜案破解

其三是误拿茶杯事。《祺祥故事》说：

　　王既被亲用，每日朝，辄立谈移晷，宫监进茗饮，两宫必曰："给六爷茶。"一日召对颇久，王立御案前，举瓯将饮，忽悟此御茶也，仍还置处。两宫哂焉。盖是日偶忘命茶。

　　据说，慈禧对这种越礼的行为十分反感。她认为，这是奕訢对至高无上的君权的一种蓄意的挑战，是不能容忍的。
　　其四是奏对失仪事。《慈禧外纪》说：

　　一日召见时，恭王竟对两宫云："两太后之地位，皆由我而得之。"此言慈禧决不能忘而恕之也。又说：凡奏对时，每由慈禧问答。一日太后言毕，恭王佯作未闻，请太后重述一次。太后有言，每抗声答之，恭王骄傲之态，每使太后不能容忍。

　　奕訢的傲慢情形，于上述四端可见一斑。
　　对于奕訢的表现，"当时之人，皆以为恭亲王对于两宫之态度举动，似觉太过。以己大权在握，遂擅揽一切，未免近于骄惶"。
　　奕訢既然有此表现，便迫使慈禧不得不采取措施。"太后既知恭亲王之权渐大，常侵越己之权势，遂立意告诫恭亲王须明白国体，不可僭越。用人之权，视太后为转移。

乾清宫内景

127

稍有不合，即告罢黜。"

奕䜣傲慢骄愎的说法，是替慈禧张本的。当然，奕䜣在作风与性格上的这个严重不足，也是确实存在的。

第三，皇太后集权说。两宫太后，尤其是慈禧，对最高统治权一刻也没有放松过。《慈禧外纪》说：

> 久之，慈禧于国故朝政，渐皆了然。本性专断，遂不欲他人之参预。盖其聪明才力，加以读书增其识见，于用人行政诸大端，颇得人之信服。昔之所赖，今则弃厌而疏远矣。昔日冲抑之怀，今则专断而把持之矣。

这是说，慈禧在掌握和运用国家权力上已趋成熟，她要高度集中皇权。这就必须削弱恭亲王的权力。因此，她抓住战机，主动进攻，以便达到皇权独揽的目的。

这三种说法，孰是孰非？我认为，都有一定道理。内因是慈禧企图皇权独揽，外因是奕䜣的用事专擅，行为不检，而诱因则是安得海的谗言。历史学者黄浚说：

> 政变作而旋毕，自是权皆归六爷（奕䜣）矣，于是有叔嫂之争。四年三月之事，除议政王之衔，以示裁抑。此中机括，不问而知为那拉后之以孝贞（慈安）为傀儡，共削恭亲王之权，以儆之也。

那么，导火线是什么呢？
这里有两说，一为蔡寿祺弹劾说，二为恭亲王起立说。
前一说如上述。后一说源于《慈禧外纪》：

> 一日恭亲王奏对时，忽不自检而起立，此则大背朝廷制

度。凡臣工召见，不许起立，特立此制，以免臣工或有异常之举，危及皇帝。太监禀知太后，慈禧大声呼助，说"恭亲王起立，恐有异志，以危两宫"。侍卫闻之入内，引恭亲王而下，乃下一谕旨，言恭亲王侵朝廷大权，滥举妄动，罢议政王之位，开去军机大臣及其他宫廷要职，总理衙门之差亦撤去。

我认为以前一说为是，后一说与事实不符。因为恭亲王奏对时，一般都是起立的。这条子虚乌有的记载，也许是来自奏对失仪传闻的夸大。

总之，慈禧同慈安合作，削掉了恭亲王奕䜣的议政王头衔，并使奕䜣明白，

恭亲王府萃锦园园门

他是两宫太后的臣下。生杀予夺之权，均操纵在两位年龄比他小的年轻女子手中。搞得好，可以合作；搞不好，下场可悲。肃顺等八大臣及胜保等二大臣就是前车之鉴。这是慈禧对奕䜣的一次政治试探和政治较量。试探的结果，全部剥夺奕䜣权力显然时机不够成熟；较量的结果，说明慈禧确实握有至高无上的绝对权力。奕䜣再也不敢小觑慈禧，否则后果不堪设想。其他王公大臣则更是俯首帖耳、心甘情愿地拜倒在慈禧的脚下了。

这一次，慈禧剥夺了奕䜣的议政王头衔。下一次，慈禧罢黜了奕䜣的一切官职。

三　罢黜奕䜣各职

过了19年，光绪十年（1884年），即甲申年，清廷发生了重大的

慈禧端佑康颐昭豫庄诚寿恭钦献崇熙皇太后之宝

朝局之变。这一变动与中法战争关系密切。中法战争是由于法国推行殖民政策，侵略越南，并以越南为基地而侵略中国引起的。中法战争爆发，对法是和是战，慈禧的态度游移不定。越南山西一战，清军失败，一些地方相继失守。慈禧震怒，将广西巡抚和云南巡抚革职拿问。慈禧对前方失利非常不满，她要乘机在中央寻找替罪羊。

恰在此时，光绪十年（1884 年）三月初八日，日讲起居注官盛昱上一封奏，严词弹劾张佩纶、李鸿藻，同时涉及恭亲王奕䜣和军机大臣宝鋆等。奏折的主旨是，追究越南战争失利的原因，敦促恭亲王奕䜣与各军机大臣，要戴罪立功，改正前非。

然而，慈禧却把此折作了他用。慈禧对奕䜣越来越不满，耿耿于怀，必欲去之而后快。现在光绪帝年已 14 岁，慈安又去世 3 年，削掉奕䜣的一切权力，时机已经成熟。她要以盛昱之折为炮弹，轰击恭亲王奕䜣一干人等。

三月十三日，慈禧有一非常之举。这一天，慈禧没有像往常一样召见军机大臣，而只单独召见领班军机章京，按她的意见，御前拟旨，朱书授出。这道懿旨，罢免了军机处的全班人马。罪名是"委蛇保荣""因循日甚""谬执成见""昧于知人"等。恭亲王奕䜣开去一切差使，家居养疾；宝鋆原品休致；李鸿藻、景寿降二级调用；翁同龢革职留任，退出军机处，仍在毓庆宫行走。

同一天，又颁发上谕："礼亲王世铎着在军机大臣上行走，毋庸学习御前大臣，亦毋庸带领豹尾枪。户部尚书额勒和布、阎敬铭，刑部尚书张之万，均着在军机大臣上行走，工部侍郎孙毓汶着在军机大臣上学

130

习行走。"

这就在罢免原军机处的全班人马的同时，组成了以礼亲王世铎为首的新的军机处。

三月十四日，慈禧又发一懿旨："军机处遇有紧要事件，着会同醇亲王奕譞商办，俟皇帝亲政后再降懿旨。"这就是说，醇亲王奕譞成了幕后

恭亲王奕訢（右）和醇亲王奕譞哥俩室内照。光绪十五年（1889 年）摄于恭王府，时奕訢 58 岁，奕譞 50 岁

首席军机大臣。奕譞是道光帝的第七子，是奕訢的同母弟，是光绪帝的本生父，其福晋为慈禧之胞妹。慈禧对这个胞妹"颇亲之"。爱屋及乌，对醇亲王奕譞印象亦颇佳。奕譞同六哥奕訢政见长期不合，但他的能力究不如奕訢。

因为此次朝变发生在甲申年，史称"甲申易枢"，或"甲申朝局之变"。

新军机处的组成人员，在识见、威望、能力和人品上，与原军机处相比，相差甚远。他们是一些不谙国际事务、不懂国内政情的官僚。新军机处从某种程度上讲，成了慈禧的装饰品。

这一变动出乎人们意料。慈禧对以恭亲王奕訢为首的军机处的撤换是晚清政治史上的一个重大事件，其影响所及十分深远。

甲申年，慈禧个人取得了胜利。罢黜恭亲王奕訢的一切官职，撤换了以奕訢为首的军机处。使慈禧成了不受任何约束的拥有绝对权威的太上女皇。这是她梦寐以求的。

但是，慈禧也没有想到，过了 10 年，她不得不又重新起用奕訢。

四 重新起用奕䜣

光绪二十年（1894 年）六月二十三日，中日甲午战争爆发。日军舰队在丰岛海面偷袭了中国运兵船队，挑起了甲午战争。

面对咄咄逼人的日本军国主义势力，慈禧感到束手无策，便重新起用了熟悉洋务的恭亲王奕䜣。派他"管理总理各国事务衙门。并添派总理海军事务，会同办理事务"。又派他"在内廷行走"，后来又委以更大的重任："督办军务。所有各路领兵大员，均归节制。"给以军事全权，任命奕䜣为军事统帅。但此时的奕䜣已经是 62 岁的老人了，病体缠身，锐气全消。此前领略了慈禧淫威手段的奕䜣，现在一味听命于慈禧，主张求和。有人评道："恭邸再起，依违两可，无多建白。"这话是有道理的。

光绪二十四年（1898 年），光绪帝欲实行戊戌变法。慈禧有条件地同意变法。这个条件是"不违背祖宗大法"。但这时却出现了意外，即恭亲王奕䜣病逝了。暮年的奕䜣对变法持慎重态度。"䜣持祖宗旧制不可尽更，新进之士不可遽用，帝亦听之"。由于奕䜣的特殊地位，慈禧亦让其三分，但奕䜣更多的是想要约束光绪帝。光绪帝要召见康有为，亦为奕䜣谏阻，"不能行其志"。

不料，奕䜣于光绪二十四年（1898 年）四月初十日病卒。这就为光绪帝实行变法提供了方便。奕䜣"上

晚年的恭亲王奕䜣

慈禧十大谜案破解

恭王府"天香庭院"垂花门匾额

（光绪帝）及太后皆严惮之，亦多赖其调和。王死，而翁同龢独持朝政，两宫（慈禧与光绪）之声气始隔矣"。奕䜣之死，使得慈禧与光绪帝之间失去了另一个重要的中间调解人。这就使慈禧与光绪之间的矛盾激化了，并最终导致了戊戌政变。

慈禧与奕䜣，从咸丰十一年（1861 年）合作开始，到光绪二十四年（1898 年）奕䜣病逝为止，相处了 37 年。这中间，有联合，有斗争。他们这一对矛盾的主导方是慈禧。慈禧掌握着生杀予夺之权。政治家奕䜣生活在慈禧的阴影之中。

第八个谜案
慈禧儿媳珍妃死亡之谜

　　慈禧的儿媳、光绪的妃子珍妃是如何死亡的，这又是一个历史之谜。一说是慈禧害死的，一说是珍妃自杀的。到底是怎样死亡的？我们在这里试作破解。这还要先从光绪的大婚谈起。

一　光绪的大婚

　　慈禧太后对光绪帝的婚姻极为重视。鉴于同治帝选后的教训，此次光绪帝选后，慈禧是要包办到底的。她把弟弟都统桂祥的女儿叶赫那拉氏嫁给了光绪帝。光绪帝的这桩婚姻纯粹是政治婚姻。婚姻的双方都用一生啜饮这杯痛苦的汁液。这是慈禧一手造成的。

　　慈禧训政后，便关注起17岁的光绪帝的婚事来。光绪十三年十二月初八日（1888年1月20日），慈禧

光绪帝载湉画像

137

慈禧等人。左起：瑾妃、德龄、慈禧、容龄、容龄之母、隆裕皇后

发下懿旨，申明皇帝大婚典礼所需物品应先做计划，报礼仪处审批。

这说明为光绪帝筹办婚事，已正式启动。

光绪十四年正月十七日（1888年2月28日），慈禧再颁懿旨，举办光绪帝大婚着户部筹拨银500万两。

五月初八日，慈禧又颁懿旨："皇帝大婚典礼，着于明年正月举行。"

慈禧的这几道懿旨明确规定了光绪帝大婚的计划、费用和日期。

虽贵为皇帝，光绪帝在婚姻上仍受制于慈禧，是没有选择配偶的自由的。

光绪十四年十月初五日（1888年11月8日），慈禧连发两道懿旨，第一道是选自己的亲弟弟副都统桂祥之女端庄贤淑的叶赫那拉氏为皇后，即孝定景皇后。宣统帝继位，尊其为皇太后，上徽号为隆裕；第二道是选原任侍郎长叙的两个女儿他他拉氏为嫔。15 岁的姐姐为瑾嫔，13 岁的妹妹为珍嫔。

就这样，慈禧为光绪帝选中了一后二嫔。

为光绪帝选后妃，慈禧也走了一个过场。据学者黄濬《花随人圣庵摭忆》载：

> 光绪十三年冬，西后（慈禧）为德宗（光绪帝）选后。在体和殿，召备选之各大臣小女进内，依次排立。与选者五人，首列那拉氏，都督（统）桂祥女，慈禧之侄女（叶赫那拉氏，孝定景皇后）也。次为江西巡抚德馨之二女，末列为礼部左侍郎长叙之二女（瑾妃姊妹）。当时太后上座，德宗侍立，荣寿固伦公主及福晋命妇立于座后。前设小长桌一，上置镶玉如意一柄，红绣花荷包二对，为定选证物（清例，选后中者，以如意予之；选妃中者，以荷包予之）。西后手指诸女语德宗曰："皇帝谁堪中选，汝自裁之。合意者，即授以如意可也。"言时，即将如意授予德宗。德宗对曰："此大事当由皇爸爸（据宫监谓，当时称谓如此）主之，子臣不能自主。"太后坚令其自选。德宗乃持如意趋德馨女前，方欲授之。太后大声曰："皇帝。"并以口暗示其首列者（慈禧侄女），德宗愕然。既乃悟其意，不得已乃将如意授其侄女焉。太后以德宗意在德氏女，即选入妃嫔，亦必有夺宠之忧，遂不容其续选，匆匆命公主各授荷包一对与末列之女，此珍妃姊妹之所以获选也。

这个内幕消息据说是由内宫太监唐冠卿传出来的，应该是可信的。

鉴于为同治帝选阿鲁特氏皇后的教训，慈禧在为光绪帝选后上是颇动了一番心思的。《慈禧外纪》记道：

太后以己之侄女选为皇后，亦具有深意。前此为同治帝选择有德有勇之阿鲁特皇后，其后常与太后反对，至其死而后已。太后惩于前事，故此次为光绪帝选后，其意重在为己心腹，以监察皇帝之行为而报告之。

此言过矣！当时的慈禧倒不是想在光绪帝的身边安插个密探，主要是从亲上加亲的角度考虑的。

隆裕皇后（1868—1913年），叶赫那拉氏，慈禧之胞弟都统桂祥之女，慈禧的侄女。光绪十四年（1888年）十月，20岁选入中宫。光绪十五年（1889年）正月，21岁立为皇后。光绪三十四年（1908年）宣统帝即位，40岁尊为皇太后，上徽号隆裕。宣统五年（1913年）病逝，年46岁。受过良好的教育，性格温和，为人机敏。从现存的照片看，她的相貌一般，体态瘦弱，背部略弯。《列朝后妃传稿》记道："后性纯孝，贤明淑慎，工书绘，未尝预外事。"另据慈禧御前女官德龄记载，皇后"总是那样的和蔼可亲"，是一位"温雅可亲的皇后"。慈禧对皇后印象很好，说"宫中只有皇后和她是懂得中国文学的"。当然，光绪帝和皇后一生反目。他们只是名义上的夫妻而已。他们的婚姻是一个不幸的悲剧，而这个悲剧是由慈禧造成的。

恭谨的隆裕皇后

慈禧十大谜案破解

瑾妃（1874—1924 年），他他拉氏，满洲镶红旗人。珍妃之姐。光绪十四年（1888 年）十月初五日，奉慈禧懿旨，15 岁封为瑾嫔。次年二月入宫。光绪二十年（1894 年）正月，20 岁晋封瑾妃。同年十月，因其妹珍妃触怒慈禧太后，她们姐俩同时被降为贵人。光绪二十一年，21 岁又复封为瑾妃。宣统初年，晋为瑾贵妃。宣统帝逊位后，尊其为端康皇贵妃。1924 年病逝，年 50 岁。从现在的照片看，她体态臃肿，相貌一般。光绪帝根本不喜欢她，她也胆小怕事。她的一生都是在委屈中度过的。慈禧、光绪帝、皇后及珍妃，都瞧不起她。

温厚的瑾妃

珍妃（1876—1900 年），他他拉氏，满洲镶红旗人，瑾妃之妹。光绪十四年（1888 年）十月初五日，与其姐瑾嫔同时被封，为珍嫔。次年二月入宫。光绪二十年（1894 年）正月，18 岁晋封珍妃。她很得光绪帝宠爱。慈禧为了打击帝党，责其"习尚奢华，屡有乞请"，将其降为贵人。光绪二十一年（1895 年），19 岁又复封为珍妃。慈禧于光绪二十年十一月初一日（1894 年 11 月 27 日）发布懿旨，缮写装裱，挂在珍妃的住处。此旨明确重申，孝定景皇后对其他妃嫔有惩罚的特权。此联挂在珍妃的住处是在告诫珍妃应小心从事。珍妃聪慧开朗，支持变法，慈禧很厌恶她。光绪二十六年（1900 年），"太后出巡，沉于井"，死时年仅 24 岁。光绪二十七年（1901 年），慈禧还京，追封其为皇贵妃。后追尊为恪顺皇贵妃。

珍妃入宫后，不断地受到慈禧的责罚，遭遇悲惨。

二　珍妃的遭遇

第一，因生性自由，而遭慈禧不满。珍妃入宫时，年仅 13 岁。她出身在官宦之家。其祖父裕泰，陕甘总督；父亲长叙，礼部侍郎；伯父长善，广州将军。祖父、父亲、伯父，都是省部级干部。生长在这样级别家庭的珍妃，其个性很少受到严格限制。珍妃与其姐瑾妃，自幼随伯父长善在广州。长善喜欢同雅人文士交游，曾聘请文廷式教其二人读书，书房在广州将军衙署内。当时姐妹年幼。珍妃的哥哥志锐、志钧也随长善在广州，也很有文名，与文廷式彼此欣赏，极相契合。珍妃的另一位哥哥志锜一向在北京。光绪十年（1984 年），长善卸任回京，姐妹也随之入京。

姐妹二人被选入宫之后，珍妃继续张扬喜欢自由的个性。她"喜作男子装"，与光绪帝"时常互换装束，以为游戏"。1930 年《故宫周刊》"珍妃专号"记载刘姓宫女言：珍妃照片，乃光绪二十一年、光绪二十二年之间所照。所着衣服，长袍为粉色，背心为月白镶宽边，乃光绪二十一年最时髦装束，系于宫中另做者。珍妃每早于慈禧前请安毕，即回景仁宫，任意装束，并摄取各种姿势，此像则于南海所照云云。

活泼的珍妃

慈禧十大谜案破解

这里的"最时髦装束""任意装束""并摄取各种姿势"等记载，刻画出了一个追求自由的青年女子的形象。喜欢传统女孩的慈禧，对珍妃的行为很是看不惯。同时，光绪只喜欢珍妃，对慈禧的侄女隆裕皇后却不理不睬。这也引起慈禧的恼怒。

据清末名流商衍瀛《珍妃其人》的回忆，光绪喜爱珍妃，实际另有原因：

> 光绪何以对于珍妃独加宠爱？据信修明（清末太监）说，光绪生理上有病，大婚之夕，太后派了四位年长而尊的王妃命妇在坤宁宫喜帐后听房。只听见皇后叹了口气道：这也是你们家的德行啊！从此皇后与光绪失欢。瑾妃性情忠厚，不会巴结人，与皇后同病相怜，同光绪漠漠相处，亦不甚投机。唯珍妃年最幼，入宫时仅十三岁，天真活泼，聪明伶俐。光绪每日寅时上朝，午时退朝，珍妃日侍左右，想出方法，顺应光绪的喜爱。除到太后、皇后宫请安穿旗装礼服外，陪伴光绪时作男装。黑亮的头发，后垂大辫子，戴上头品顶戴，三眼花翎，身穿袍子马褂，足蹬朝靴，腰系丝带，居然是一位美少年似的差官。与光绪共食共饮共玩共乐，关于男女情欲一层毫不置意。是以博得光绪帝的专宠。

看起来，光绪帝宠爱珍妃同政治完全无关，同性爱也毫无关系，完全是因为孤独的光绪帝在珍妃身上找到了人生的乐趣。

第二，因干预朝政，而受慈禧处分。珍妃入宫之后，渐得光绪帝的宠爱。由此，一些想升官发财的人，就千方百计地欲走珍妃的后门。而年轻的珍妃确实也办了几件事。李鸿章之子李经迈记道：

> 光绪己丑（十五年，1889年），德宗景皇帝（光绪帝）大婚礼成，亲裁大政，珍、瑾二妃，渐蒙宠幸，时有干求。一时

凤舆。光绪帝大婚时，皇后乘坐的喜轿

光绪帝大婚时用的喜字灯笼

慈禧十大谜案破解

热中幸进之徒，多以太监文姓为弋取富贵捷径。其昭昭在人耳目者，则癸巳（十九年，1893年）、甲午（二十年，1894年）之间，鲁伯阳之简放江苏苏松太道、玉铭之简四川盐茶道，及大考翰詹，先谕阅卷大臣以文廷式须置第一。

据说，这三起走后门的案件都与珍妃有密切关系。前两起案件是卖官鬻爵，后一起案件是先说好话，这都是明目张胆地干预朝政。

另据清末名流商衍瀛《珍妃其人》的回忆，珍妃卖官鬻爵的事，当时人都清楚：

珍妃由其胞兄志锜为主谋，串通奏事处太监拉官纤，将月华门南的奏事处作为机关。奏事处是太监与内外官员的传达处，太监中最有势力为郭某（绰号小车子，因其常言"小车子不倒尽管推"，故得此绰号）、奏事处太监文澜亭、王俊如诸人。珍妃住景仁宫，景仁宫首领太监亦在其列。所得的钱，以一部分供给珍妃，余由各人分肥。珍妃蒙混请求光绪帝，私卖官缺，日渐彰闻。甚至卖到上海道鲁伯阳，更为舆论所指摘。又卖至四川盐法道玉铭，于召见奏对时，光绪问以在哪衙门当差，对以在木厂；光绪骇然，命将履历写出，久久不能成字。因奉谕旨："新授四川盐法道玉铭，询以公事，多未谙悉，不胜道员之任，玉铭着开缺，以同知归部诠选。"此事在光绪二十年（1894年）甲午四月间，风声所播，涉及宫闱。太后（慈禧）据所闻，切责光绪，遂于是年十月二十九日谕云："朕钦奉慈禧端佑康颐昭豫庄诚寿恭钦献崇熙皇太后懿旨：本朝家法严明，凡在宫闱，从不准干预朝政。瑾妃、珍妃，承侍掖廷，向称淑慎，是以优加恩眷，荐陟崇封。乃近来习尚浮华，屡有乞请之事。皇帝深虑渐不可长，据实面陈。若不量予警诫，恐左右近侍借以为夤缘蒙蔽之阶。患有不可胜防者。瑾妃、珍妃，均着降为贵人，以示薄惩而肃内政。"当时虽将瑾妃、珍妃同提，而注重实在珍妃，将珍妃交皇后严加管束。

这里同样地指实了珍妃卖官鬻爵的前面提到的两个案件，即上海道鲁伯阳案和四川盐法道玉铭案。可见，珍妃确实主谋了卖官鬻爵案。

尤其是文廷式考中一等第一名一案，更与珍妃关系至大。文廷式（1856—1904年），字道希，号芸阁。晚号纯常子。江西萍乡人。文廷式曾在广州任长善的幕府，与珍妃兄志锐相友善。志锐是长善的嗣子。光绪八年（1882年），文廷式中顺天乡试第三名，"誉噪京师，名公卿争欲与之纳交"。当时，文廷式与福山王懿荣、南通张謇、常熟曾之撰，称为"四大公车"。光绪十五年（1889年），考取内阁中书第一名，得以见到了皇帝的师傅翁同龢。次年，恩科会试中式，殿试第一甲第二名，赐进士及第，授翰林院编修。光绪二十年（1894年），由于珍妃的推荐，大考翰詹，光绪帝"亲定等级"，拔擢文廷式为一等第一名。升授翰林院侍读学士，兼日讲起居注官。在这件事上，珍妃确实起了作用。而这是违规的。

中日甲午战争爆发，清廷内部在和战问题上意见分歧，帝党主战，后党主和。文廷式上折参奏北洋大臣李鸿章畏葸，"挟夷自重"。珍妃之兄志锐慷慨激昂，"上疏画战守策，累万言"。光绪帝"览奏嘉叹"，特意召见志锐，志锐痛切陈奏，"至于流涕"。志锐弹劾后党大臣孙毓汶、徐用仪"把持军机"。

至此，文廷式得到光绪帝的眷顾，是由于珍妃的吹风；志锐被光绪帝召见，也是由于他是珍妃的哥哥。而文廷式和志锐又都是帝党，他们向后党的李鸿章等大臣发难。慈禧看在眼里，恨在心头。她特发懿旨，要教训一下珍、瑾二妃，主要是珍妃。并借此打击帝党的势焰。光绪二十年（1894年）十月二十九日，光绪帝介于慈禧的责备，发布上谕：

朕钦奉慈禧端佑康颐昭豫庄诚寿恭钦献崇熙皇太后懿旨：本朝家法严明，凡在宫闱，从不准干预朝政。瑾妃、珍妃，承侍披廷，向称淑慎，是以优加恩眷，荐陟崇封。乃近来习尚浮华，屡有乞请之事。皇帝深虑渐不可长，据实面陈。若不量予警诫，恐左右近侍借以为夤缘蒙蔽之阶。患有不可胜

端康皇贵太妃（瑾妃）

防者。瑾妃、珍妃，均着降为贵人，以示薄惩而肃内政。

慈禧因珍妃"习尚浮华，屡有乞请之事"，而将她们姐俩一律降为贵人，连降两级，处分是严厉的。慈禧处分瑾妃、珍妃，固然是为了打击帝党，但珍妃也确实违犯了清朝祖制家法。珍妃替文廷式说好话，干预了光绪帝的决策。同时，又为两个人谋求到了官职，她本人又收受了贿赂。这就是"干预朝政"。

慈禧处分瑾妃、珍妃，没有冤枉珍妃，显然是有道理的。

慈禧于光绪二十年十一月初一日（1894年11月27日）发布懿旨，缮写装裱，挂在珍妃的住处：

皇后有统辖六宫之责。俟后妃嫔如有不遵家法，在皇帝前干预国政，颠倒是非，着皇后严加访查，据实陈奏，从重惩办，决不宽贷，钦此。

这是慈禧给珍妃的紧箍咒。这里明确重申，孝定景皇后对其他妃嫔有惩罚的特权。此联挂在珍妃的住处是在告诫珍妃应小心从事。

十一月初二日，慈禧以珍妃位下太监高万枝"诸多不法"，交"内务府扑杀"。

同时，慈禧又把矛头指向了珍妃之兄志锐。十一月初三日，慈禧说志锐"举动荒唐"，将他从热河召回京城。初八日，降授乌里雅苏台参赞大臣，解除了他的兵权。

经过不到一年，光绪二十一年（1895年）十月十五日，慈禧命敬事房传知礼部恢复瑾妃、珍妃的位号。看起来，慈禧的目的是教育瑾妃、珍妃一下，并不是想一棍子打死。

第三，因支持变法，而被慈禧囚禁。光绪二十四年（1898年）戊戌变法期间，珍妃支持光绪帝变法。戊戌变法触怒了封建顽固派，慈禧最终摧毁了戊戌变法。

光绪二十四年八月十三日（1898年9月28日），慈禧下令杀害了杨深秀、杨锐、林旭、谭嗣同、刘光第、康广仁，史称"六君子"。次日，慈禧以光绪帝的名义发布上谕：

> 主事康有为，首倡邪说，惑世诬民。而宵小之徒，群相附和，乘变法之际，隐行其乱法之谋。包藏祸心，潜图不轨。前日竟有纠约乱党，谋围颐和园，劫制皇太后，陷害朕躬之事。幸经觉察，立破奸谋。又闻该乱党私立保国会，言保中国不保大清。其悖逆情形，实堪发指。朕恭奉慈闱，力崇孝治。此中外臣民之所共知。康有为学术乖僻，其平日著述，无非离经叛道非圣无法之言。前因讲求实务，令在总理各国事务衙门章京上行走。旋令赴上海办理官报局。乃竟逗遛辇下，构煽阴谋。若非仰赖祖宗默佑，洞烛几先，其事何堪设想。

这个上谕气急败坏地指责康有为谋围颐和园、劫制皇太后的策划，

慈禧十大谜案破解

下令追捕康有为。康有为一再否认此事。但究其实际，康有为确实曾谋划围园弑后。应该不折不扣地恢复这个历史的本来面目。

慈禧此次对珍妃进行了严厉的处治。她下令将珍妃囚禁于紫禁城东北部的北三所，珍妃完全失去了人身自由。同时，又处治了珍妃属下的太监。太监戴恩如被加上"干预国政，搅乱大内，来往串通是非"的罪名，交内务府大臣即日板责处死。珍妃位下的另外六名太监也以"结党串通是非"的罪名，分别受到了"重责二百板，永远枷号"和"板责一百，枷号二年"的处分。对囚禁中的珍妃，慈禧看管甚严。慈禧谕令所有太监，不准为珍妃传递信息，"如不遵者，查出即行正法，决不姑息"。

三　珍妃的死因

光绪二十六年（1900 年）七月二十日，八国联军侵入北京。就在这时，珍妃死难。珍妃究竟是怎么死的，100 余年来，人们众说纷纭，莫衷一是。

大体有两说，一为慈禧害死说，一为珍妃自杀说。

第一说，慈禧害死说。
关于珍妃之死，当时史籍的记载多为慈禧害死说。
其一，李希圣《庚子国变记》记道：

二十一日，天未明……珍妃有宠于上，太后恶之，临行推堕井死。

这是说，因"太后恶之"，所以"临行推堕井死"。显然是慈禧害死了珍妃。

其二，恽毓鼎《崇陵传信录》记道：

珍妃井与一墙之隔的景祺阁

七月二十日，英军陷京师。翌日，联军继之。两宫黎明仓皇乘民车出德胜门，白旗遍城上矣。太后御夏衣，挽便髻。上御青绸衫，皇后及大阿哥随行，妃嫔罕从者。濒行，太后命崔阉（崔玉贵）自三所出珍妃（三所在景运门外），推坠井中。

这是说，慈禧命太监崔玉贵将珍妃"推坠井中"。

其三，景善《景善日记》记道：

二十一日，文公（文年）方才路过，彼此于门口略得谈叙。云老佛（慈禧）终夜未寝，不过安歇一时之久。于寅刻仓促着以昨日叫进之农妇之衣，以汉妆梳头，实属奇事。老佛有言，团民闹事之初，谁想到有今日之怪状乎？后叫进轿车三辆，赶入大内，御夫并未戴缨帽也。于寅初二刻降旨，令宫眷诸位均道请安，并有暂时毋庸同行之旨。珍妃素不孝老佛，现胆敢跪请老佛之前，以皇上不必西幸，应请圣驾在京裁度议和各事等语。老佛大发雷霆，立时命该班之太监，将此忤逆之女推到井内。皇上颇有忧伤之状，因珍妃系圣眷最宠之人，跪求老佛施恩，代其一死。乃慈颜颇滋不快，云我事为时甚迫，谁肯多废闲话乎？尔等仍遵前命，将珍妃致死，以为鸩鸟生翼，

慈禧十大谜案破解

欲啄母睛者之戒。由李、宋二太监，将珍妃推到宁寿宫外之大井也。皇上忧惶迫切，悚疚莫名。

因学者考证《景善日记》是伪造的，这个记载虽然绘声绘色，但也失去了价值。然而，其记载的基本内容，即慈禧害死了珍妃，倒是当时人的一种认识。

以上的记载，记录者都远离事发现场，基本是道听途说。因此，他们的记载，也只能作为旁证供我们参考，不能视为主证。

我们应进一步看一看当时同此案有关的宫女和太监的说法。1930年《故宫周刊》第 30 期出版了"珍妃专号"，刊载了"宫人中语"，叙称"本院得诸旧宫监及白头宫女之口"。太监唐冠卿言二则，白姓宫女言一则，刘姓宫女言一则。因是口碑资料，显得弥足珍贵。

其一，白姓宫女的一席话："入井前一夕，慈禧尚召妃朝见，谓现今江山已失大半，皆汝所致，吾必令汝死。妃愤曰：随便办好了。"故宫附注，白姓宫女曾侍奉珍妃，只是珍妃在南海被责后，即被慈禧逐出宫去。因此，"则庚子坠井之变，白何由知之"？她早已远离皇宫，珍妃坠井之事，她从哪里知道的呢？

其二，太监唐冠卿的自述：

庚子七月十九日，联军入京，崔玉贵率快枪队四十人守蹈和门，我也率四十人守乐寿堂。时甫过午，我在后门休憩，突然看见慈禧后自内出，身后并无人随侍。我想她可能要去颐和轩，遂趋前扶持。乃至乐寿堂右，后竟循西廊行，我颇惊愕。启曰："老佛爷何处去？"曰："汝无须问，随我行可也。"及抵角门转弯处，遽曰："汝可在颐和轩廊上守候，如有人窥视，枪击勿恤。"我方骇异间，崔玉贵来，扶后出角门西去，窃意将或殉难也，然亦未敢启问。少顷，闻珍妃至，请安毕，并祝老祖宗吉祥。后曰："现在还成话么，义和拳捣乱，洋人进京，

151

雅致的养心殿后殿皇帝寝宫

怎么办呢?"继语音渐微,哝哝莫辨,忽闻大声曰:"我们娘儿们跳井吧!"妃哭求恩典,且云:"未犯重大罪名。"后曰:"不管有无罪名,难道留我们遭洋人毒手么?你先下去,我也下去。"妃叩首哀恳,旋闻后呼玉贵。贵谓妃曰:"请主儿遵旨吧!"妃曰:"汝何亦逼我耶!"贵曰:"主儿下去,我还下去呢!"妃怒曰:"汝不配。"我聆至此,已木立神痴,不知所措。忽闻后疾呼曰:"把她扔下去吧!"遂有挣扭之声,继而砰然一响,想妃已坠井矣。斯时光绪帝居养心殿,尚未之知也。

太监唐冠卿这段自述,是他听到的,即不是目击,而是耳闻。他是隔着一道墙,在墙外听到的。因此墙内大声对话,他听得真切。而小声对话,他只能"哝哝莫辨"了。他的自述是亲耳听到的,故而真实可信。但隔墙听音,也不是直接目击,留有些许缺憾。

再进一步,我们看到了目击者,或者说是现场当事人的自述。这些自述形成了证据链条，更加真实可信。近年金易、沈义羚著《宫女谈往录》一书，通过老宫女之口，揭示了珍妃被处死的真相。老宫女当年是慈禧太后的贴身侍女，随侍太后多年，对宫廷内情十分熟谙。珍妃被慈禧赐死之前和之后的情况，老宫女是目击者。老宫女的自述很值得一看。

其一，慈禧老宫女的自述：

> 逃跑是在光绪二十六年，即庚子年七月二十一日（1900年8月15日）的早晨，也就是俗话说——闹义和团的那一年。虽然这事已经过了四十多年，大致我还能记得。

> 我记得，头一天，那是七月二十日的下午，睡醒午觉的时候。——我相信记得很清楚。老太后在屋子里睡午觉，宫里静悄悄的，像往常一样，没有任何出逃的迹象。这天正巧是我当差……

> 在宫里我们只知道脚尖前的一点小事，其他大事丝毫不知道。老太后有好多天不到园子里去了，和往常不大一样。到二十日前两三天，听小太监告诉我们，得力的太监在贞顺门里，御花园两边，都扛着枪戒备起来了。问为什么，谁也不说。我们也风闻外头闹二毛子（教民），但谁也不清楚是怎么回事……

> 那一天下午，我和往常一样，陪侍在寝宫里，背靠西墙坐在金砖的地上，面对着门口。这是侍寝的规矩。老太后头朝西睡，我离老太后的龙床也就只有二尺远……

> 突然，老太后坐起来了，撩开帐子。平常撩帐子的事是侍女干的，今天很意外，吓了我一跳。我赶紧拍暗号，招呼其他的人。老太后匆匆洗完脸，烟也没吸，一杯奉上的水镇菠萝也没吃，一声没吩咐，径自走出了乐寿堂（这是宫里的乐寿堂，在外东路，是老太后当时居住的地方，不是颐和园的乐寿堂），

153

就往北走。我匆忙地跟着。我心里有点发毛，急忙暗地里去通知小娟子。小娟子也跑来了，我们跟随太后走到西廊子中间，老太后说："你们不用伺候。"这是老太后午睡醒来的第一句话。我们眼看着老太后自个往北走，快下台阶的时候，见有个太监请跪安，和老太后说话。这个太监也没陪着老太后走，他背向着我们，瞧着老太后单身进了颐和轩。

慈禧太后手扶宝座照

农历七月的天气，午后闷热闷热的，半个多时辰，老太后由颐和轩出来了，铁青着脸皮，一句话也不说。我们是在廊子上迎太后回来的。

其实，就在这一天，这个时辰，这个地点，老太后赐死了珍妃。她让人把珍妃推到颐和轩后边的井里去了。我们当时不知道，晚上便有人偷偷地传说。后来虽然知道了，我们更不敢多说一句话。

我所知道的事就是这些。

以上慈禧贴身宫女的自述，揭开了慈禧在处死珍妃之前和之后的举动和神态。显然，慈禧心中有数，她是事先谋划好了的。在八国联军侵入北京的前一天，慈禧暗自策划，秘密行动，不事声张地处死了珍妃。这名贴身宫女自述的是她亲眼所见的慈禧处死珍妃前后的行动，至于处死珍妃现场的情况，宫女一无所知。这个空白，由现场的当事人太监崔玉贵填补了。事后得知，现场的当事人只有四位：慈禧、珍妃、太监崔玉贵、太监王德环。因而，现场当事人太监崔玉贵的自述是最有说服力的。

崔玉贵的自述是通过老宫女之口转述的。慈禧将老宫女指配给剃头匠太监刘祥。太监刘祥是太监二总管崔玉贵的徒弟。而崔玉贵恰恰是执行太后旨命，将珍妃推下井的人。辛亥革命后，太监出宫了，崔玉贵才将这段公案的前前后后讲给老宫女听。老宫女又讲给作者金易、沈义羚听。金易、沈义羚将他们亲自听到的老宫女的话，笔之于书。于是，太监崔玉贵的自述才大白于天下。现在，将老宫女转述的崔玉贵的自述介绍如下。

其二，太监崔玉贵的自述：

他（崔玉贵）愤愤地把鼻烟壶往桌上一拍，说："老太后亏心。那时候累得我脚不沾地。外头闹二毛子，第一件事是把护卫内宫的事交给我了。我黑夜白天得不到觉睡，万一有了疏忽，我是掉脑袋的罪。第二件事，我是内廷回事的头儿，外头又乱糟糟。一天叫起（召见大臣）不知有多少遍，外头军机处的事，我要奏上去；里头的话我要传出去。我又是老太后的耳朵，又是老太后的嘴。里里外外地跑，一件事砸了锅，脑袋就得搬家，越忙越得沉住气，一个人能有多大的精气神？七月二十日那天中午，我想趁着老太后传膳的机会，传完膳老太后有片刻漱口吸烟的时间，就在这个时候请膳牌子最合适（膳牌子是在太后或皇上吃饭时，军机处在牌子上写好请求觐见的人名，由内廷总管用盘子盛好呈上，听凭太后、皇上安排见谁不

慈禧等人在颐和园排云殿门前。左起：孝定景皇后、俊寿、德龄、慈禧、崔玉贵、四格格（庆亲王奕劻的四女儿）、元大奶奶（慈禧的内侄媳妇）、德龄的侄女、德龄的母亲、容龄

见谁）……就在这时候，老太后吩咐我，说要在未正时刻召见珍妃，让她在颐和轩候驾，派我去传旨。"说到这，崔玉桂（贵）激动起来了，高喉咙大嗓门地嚷着。

"我就犯嘀咕了，召见妃子历来是两个人的差事，单独一个人不能领妃子出宫，这是宫廷的规矩。我想应该找一个人陪着，免得出错。乐寿堂这片地方，派差事的事归陈全福管。我虽然奉了懿旨，但水大也不能漫过船去。我应该找陈全福商量一下。陈全福毕竟是个老当差的，有经验，他对我说：这差事既然吩咐您一个人办，您就不要敲锣打鼓，但又不能没规矩。现在颐和轩管事的是王德环，您可以约他一块去，名正言顺，因为老太后点了颐和轩的名了，将来也有话说。我想他说得在理。

景祺阁北头有一个单独的小院，名东北三所，正门一直关着。上边有内务府的十字封条，人进出走西边的腰子门。我们去的时候，门也关着，一切都是静悄悄的。我们敲开了门，告诉守门的一个老太监，请珍小主接旨。

这里就是所谓的冷宫。我是第一次到这里来，也是这辈子最末一回。后来我跟多年的老太监打听，东北三所和南三所，这都是明朝奶母养老的地方。奶母有了功，老了，不忍打发出去，就在这些地方住，并不荒凉。珍妃住北房三间最西头的屋子。屋门由外倒锁着，窗户有一扇是活的，吃饭、洗脸都是由下人从窗户递进去，同下人不许接谈。没人交谈，这是最苦闷的事。吃的是普通下人的饭。一天有两次倒马桶。由两个老太监轮流监视，这两个老太监无疑都是老太后的人。最苦的是遇到节日、忌日、初一、十五，老太监还有奉旨申斥，就是由老太监代表老太后，列数珍妃的罪过，指着鼻子、脸申斥，让珍妃跪在地下敬听。指定申斥是在吃午饭的时间举行。申斥完了以后，珍妃必须向上叩首谢恩。这是最严厉的家法了。试想，在吃饭之前，跪着听完申斥，还要叩头谢恩，这能吃得下饭吗？珍妃在接旨以前，是不愿意蓬头垢面见我们的，必须给她留下一段梳理工夫。由东北三所出来，经一段路才能到颐和轩。我在前边引路，王德环在后边伺候。我们伺候主子向例不许走甬路中间，一前一后在甬路两边走。小主一个人走在甬路中间，一张清水脸儿，头上两把头摘去了两边的络子，淡青色的绸子长旗袍，脚底下是普通的墨绿色的缎鞋（不许穿莲花底），这是一副戴罪的妃嫔的装束。她始终一言不发。大概她也很清楚，等待她的不会是什么幸运的事。

到了颐和轩，老太后已经端坐在那里了。我进前请跪安复旨，说珍小主奉旨到。我用眼一瞧，颐和轩里一个侍女也没有，空落落的只有老太后一个人坐在那里，我很奇怪。

珍小主进前叩头，道吉祥，完了，就一直跪在地下，低头听训。这时屋子静得掉地上一根针都能听得清楚。

老太后直截了当地说，洋人要打进城里来了。外头乱糟糟，谁也保不定怎么样，万一受到了侮辱，那就丢尽了皇家的脸，也对不起列祖列宗。你应当明白。话说得很坚决。老太后下巴扬着，眼连瞧也不瞧珍妃，静等回话。

珍妃愣了一下说，我明白，不会给祖宗丢人。

太后说，你年轻，容易惹事！我们要避一避，带你走不方便。

珍妃说，您可以避一避，可以留皇上坐镇京师，维持大局。

就这几句话戳了老太后的心窝子了。老太后马上把脸一翻，大声呵斥说，你死在临头，还敢胡说。

珍妃说，我没有应死的罪！

老太后说，不管你有罪没罪，也得死！

珍妃说，我要见皇上，皇上没让我死！

太后说，皇上也救不了你。把她扔到井里去。来人哪！

就这样，我和王德环一起连揪带推，把珍妃推到真顺门内的井里。珍妃自始至终嚷着要见皇上！最后大声喊，皇上，来世再报恩啦！

我敢说，这是老太后深思熟虑要除掉珍妃，并不是在逃跑前，心慌意乱，匆匆忙忙，一生气，下令将她推下井的。

旧时的珍妃井。珍妃在此罹难

　　我不会忘掉那一段事，那是我一生经历的最惨的一段往事。回想过去，很佩服二十五岁的珍妃，说出话来比刀子都锋利，死在临头，一点也不打颤。我罪不该死！皇上没让我死！你们爱逃跑不逃跑，但皇帝不应该跑！这三句话说得多在理，噎得老太后一句话也答不上来，只能耍蛮。在冷宫里待了三年之久的人，能说出这样的话，真是了不起。

　　以上就是慈禧贴身的老宫女转述的太监崔玉贵的自述。这个自述，虽然是口碑资料，但由于其来源可靠，并形成了紧密相关的证据链条，因此这个口碑资料就确凿可信。而揆其内容，也完全合情合理。太监崔玉贵在自述的过程中的心理变化，以及他对珍妃与慈禧的品评，也印证了自述的真实性。可以说，金易、沈义羚著《宫女谈往录》里关于太监崔玉贵的自述，是目前发现的珍妃死因的最权威最可靠的回忆资料。

　　珍妃确实是慈禧命令太监推入井中害死的。

第二说，珍妃自杀说。

　　在珍妃死亡的当时，就有珍妃自杀说。

　　胡思敬撰《驴背集》，其前小序曰："庚子之变，予随扈不及，挈室避居昌平。尝孤身跨一蹇驴，微服入都，探问兵间消息。返则笔而记之，既又系以小诗，皆实录也。"可见，《驴背集》所记，都是庚子之变当时的实录，《驴背集》记道："珍妃上（光绪帝）所宠爱。太后挈上出奔，妃欲从，不许，逼令自裁，因投井死。"这里的"逼令自裁，因投井死"，说的就是珍妃是自杀身亡的。

　　近年，珍妃自杀说又被再次提起。那根正等著《我所知道的慈禧太后》，即坚持珍妃自杀说。那根正系慈禧的弟弟桂祥的曾孙。这本书就是他口述的。慈禧姐弟四人，大姐慈禧，二姐婉贞，三弟照祥，四弟桂祥。二姐婉贞为醇亲王奕𫍽之妻。奕𫍽与婉贞的儿子即为后来的光绪帝。桂祥之女后来嫁给了光绪帝，即后来的隆裕皇太后。如此，隆裕皇太后即是那根正之爷爷的姐姐。

那根正回忆说到，当年我爷爷奉诏进宫，去见他姐姐隆裕皇太后时，隆裕对我爷爷讲当时的事情，隆裕皇太后自述道：

很多人都说是我嫉妒告她（珍妃）黑状，所以老太后派人把她推到井里去了。其实事情是这样的：当时与八国联军战败后，洋人军队打到北京。于是，在完全没有取胜希望的情况下，老太后西行。当时的情况非常紧急，因为谁也不清楚这帮洋人最后会干什么，会不会像烧圆明园那样，把紫禁城也烧了。当时西行带不了那么多人，因为人多了就会成为负担。但是因为当时光绪是皇帝，而我是皇后，同时又是老太后的亲侄女，要带也只能带我和皇上走。而其他的一些亲属就地回娘家躲避，妃子们也不例外。可是当时的珍妃非常气盛，不服从老太后的指挥，并当场顶撞了老太后。在那个紧急时刻，珍妃一直对老太后说："我是光绪的妻子，我要跟着去。您有偏见，皇后是您的侄女，所以您带她走。所以，我也请求您带我走。"

隆裕皇太后。周围的是太监

这就让老太后非常难堪，带走一个珍妃，就必须带走瑾妃。还有其他的一些人，所以要开这个口子很难，加上洋人已经打到北京了，再不走就来不及了。于是老太后当时非常不高兴，认为珍妃根本不识大体。

从另一个层面讲，本来老太后就对珍妃平日的作为有点不高兴，再加上这些紧急时刻的顶撞，老太后气得脸色发白，直打哆嗦。在皇宫里，大清几百年来从来没有人敢于这么顶撞太后，即便是皇上也没有过，何况一个珍妃。老太后也是一个非常要脸面的人，所以气得当时抬脚就走，珍妃一直跟着老太后说自己的理由，于是就来到了距离珍妃住所不远处。珍妃这时还不死心，对太后说："我是光绪的妻子，就要跟皇上在一起。不在一起，宁愿死。活着是皇家人，死了是皇家鬼。"老太后一听，就更加生气。本来火烧眉毛的事情，哪还有时间吵架呀，于是就对珍妃说："你愿意死就死去吧！"当时说话的地方不远处就有一眼井，于是珍妃紧走两步，说："那既然这样，我就死给你看。"于是直接就奔井口去了。老太后一看情况不对，这孩子跟我顶撞两句，怎么还真的去死啊。于是对崔玉贵说："赶紧去拉住她。"但是这个时候已经晚了，当崔玉贵跑过去的时候，珍妃已经跳下去了。可老太后一看没办法了，内忧外患啊，于是没来得及管她，就走了。

这就是出逃之前所发生的事情。一年以后，老太后和我们重新回到宫里，想起珍妃来，还是觉得非常惋惜。这一点我们都能看得出来。而且人人都传言珍妃就是老太后派人害死的，老太后也觉得自己很冤枉。虽然大伙没当自己的面说，但是这事情落在自己头上了，总得有个结果，有个说法，皇家不是随便能损失一个妃子的。于是老太后想来想去，就把罪责推到崔玉贵头上了。当时老太后说："崔玉贵，让你拉住珍妃你没拉住，等于是你把珍妃害死的。没拉住就等于是你害死的。"当

161

时老太后就给自己找了这么一个台阶。

老太后因为要找一个台阶，所以扬言要杀崔玉贵，当然也是为了让大伙能平息一下怨气。但崔玉贵是父亲桂祥的干儿子啊，跟我们家关系又非常好，每年父亲过生日都要送好多东西过去看。这一听要杀自己，马上就跑到父亲那里，跟父亲说了这件事情的前因后果。于是父亲就找到老太后通融了一下。但是死罪没有了，责罚当然还是需要的，于是就把崔玉贵撵出宫去了。崔玉贵出宫，大概有两年的时间就在咱们家住着。这件事我不说你也看到了。但是太监出宫哪那么容易啊，崔玉贵一直想着再回到宫里，也通过人找我说过这件事情，但是当时我是不能做主的。作为太监在外边，脸面上没地方搁，而这两年基本上就是在咱们家，帮帮忙，打打杂。等过了这两年，父亲又找到老太后让崔玉贵回到宫里，这样崔玉贵就又回来了。

这段自述，据说是隆裕皇太后对口述者之爷爷讲的。其内容的真实性值得怀疑。

其一，事件发生的时间不准。是发生在出逃的当天，还是发生在出逃的前一天，抑或是前几天，都没有说清楚。

其二，事件发生的地点不确。究竟发生在什么地方，是一个固定的地点，还是随意的地方，都没有确定下来。只是说"当时说话的地方不远处就有一眼井"，这是什么井，也没有指实。

其三，事件现场参与者不清。到底现场有几位参与者，叙述不清。后来口述者的爷爷又说："因为这件事情发生的时候，皇后在场，她就是现场的见证人。"但是，从隆裕皇太后的这个自述来看，她不像是现场的参与者。

其四，事件的来龙去脉不明。慈禧是在出逃前的什么时间，什么地点，谕命哪个太监，怎样从东北三所将珍妃提将出来的；当时在场的有几个人，慈禧的神态如何，珍妃的表情如何，是谁先发话，是谁后答话的；慈禧与珍妃的对答，怎样导致珍妃之死的，这是事件的关键。从这个自述来看，完全是突发事件，但交代不明。总之，以上这些都没有交代清楚。

其五，出京西逃的人员不对。隆裕皇太后的口述回忆有一个硬伤，就是对同她一起西逃的人员到底有没有瑾妃和其他一些人，她口述失实。隆裕说："因为当时光绪是皇帝，而我是皇后，同时又是老太后的亲侄女，要带也只能带我和皇上走。而其他的一些亲属就地回娘家躲避，妃子们也不例外"，又说"带走一个珍妃，就必须带走瑾妃。还有其他的一些人，所以要开这个口子很难"。这里隆裕清楚说明，此次西逃，根本没有带走瑾妃和"其他的一些人"，只带走了光绪皇帝和隆裕皇后。

但事实并不是这样。老宫女荣儿当年曾经跟随慈禧太后西逃。荣儿的口述历史《宫女谈往录》对参与西逃的人员有准确的记载：

迈出（皇宫）贞顺门后，就自动地按次序排列起来，因为衣饰都变样了，要仔细看才能辨认出谁是谁来。皇后是缸靠（褐）色的竹布上衣，毛蓝色的裤子，脚下一双青布鞋，裤腿向前抿着，更显得人高马大。瑾小主（瑾妃）一身浅灰色的裤褂，头上蒙一条蓝毛巾，裤子的裤裆大些，向下嘟噜着显得有些拙笨。三格格、四格格、元大奶奶，都是一身蓝布装束，头上顶一条毛巾。由后看分不出谁是谁来。

站在老太后（慈禧）东边的是皇上（光绪）、大阿哥，还有一位年轻男子我不认识，后来才知道是贝子溥伦。站在老太后下手的，是皇后（隆裕）、小主（瑾妃）、三格格、四格格、元大奶奶。我们丫头群里，有娟子和我，两位格格合带一个侍女，皇后带一个侍女，加起来男的是三个，女的有十个。

这样，皇后、小主（瑾妃）一辆车，二位格格、元大奶奶一辆车，大蒲笼车就比较松动一些。

正房东屋老太后和皇上已经静悄悄没有响动了，西屋的皇后、小主（瑾妃）、三格格、四格格、元大奶奶也都没有声息了。这都是有教养的人，在这种场合，是谁也不会叫苦的。

仅从以上摘引的四段文字，就可看出，西逃的人员中不仅有瑾妃，还有三格格、四格格、元大奶奶。三格格、四格格是庆亲王奕劻的三女儿、四女儿。元大奶奶是慈禧太后的内侄媳妇。这三位贵妇人得宠于慈禧太后。慈禧太后点名让她们随扈西行。而隆裕皇后还同瑾妃同乘过一辆车。同时，在住宿条件紧张的情况下，隆裕皇后还曾同瑾妃、三格格、四格格、元大奶奶同住一室。西逃人员从光绪二十六年七月二十一日（1900年8月15日）起，到光绪二十六年九月四日（1900年10月26日）到达西安止，共走了两个月零11天，在这段时间里，隆裕皇后会经常看到瑾妃和其他三位贵妇人的。这还不算在西安驻跸及慈禧回銮的时间。隆裕皇后应该不会忘记同她一起逃难的瑾妃和其他三位贵妇人的。但是，她在同其孙儿那根正的回忆口述中竟然说什么"带走一个珍妃，就必须带走瑾妃。还有其他的一些人，所以要开这个口子很难"，似乎除了皇帝和她隆裕皇后外，连瑾妃和三位贵妇人都没有带走。隆裕的口述出现如此

慈禧在颐和园乐寿堂前与后妃等合影。前立者左为崔玉贵，右为李连英。地上伏着慈禧的爱犬

慈禧十大谜案破解

严重的破绽，不能不使我们对它的真实性产生怀疑。

以上五点，足以证明隆裕皇太后的口述是不真实的。

两个自述，一个是太监崔玉贵的自述，一个是隆裕皇太后的自述，他们都提到了崔玉贵。显然都承认崔玉贵是现场当事人。崔玉贵自述承认，是他听到了慈禧的懿旨，"我和王德环一起连揪带推，把珍妃推到真顺门内的井里"。把珍妃推到井里，虽然是奉了懿旨，总不是一件光彩的事。即使清政府倒台了，崔玉贵如果没有干这件丧天害理的事，他也不会将屎盆子故意往自己头上扣。崔玉贵之所以勇敢地承认了自己的行为，一是因为他是听从慈禧的命令办的；二是因为民国时期也没有人追究他的责任了；三是毕竟他还是面对了历史的真实。这名太监在这一点上还是应该肯定的。

对于慈禧后来对他的处治，崔玉贵是这样说的：

你们知道，我是提前由西安回来的。把老太后迎回宫里来，不到三天，老太后就把我撵出宫来了。老太后说，她当时并没有把珍妃推到井里的心，只在气头上说，不听话就把她扔到井里去，是崔玉贵逞能硬把珍妃扔下去的，所以看见崔就生气、伤心。因此她把我硬撵出宫来。后来桂公爷（桂祥）说，哪个庙里没有屈死鬼呢！听了这话，我还能说什么呢？自从西安回来后，老太后对洋人就变了脾气了，不是当初见了洋人，让洋人硬磕头的时候了，是学会了见了洋人的公使夫人笑着脸，拉拉手了。把珍妃推到井里的事，洋人是都知道的。为了转转面子，就将罪扣在我的头上了。这就是老太后亏心的地方。说她亏心并没有说她对我狠心，到底还留我一条小命。如果要拿我抵偿，我又有什么办法呢？想起来，我也后怕。听桂公爷说，撵我出宫，是荣寿公主给出的主意。这个主更不好惹。

庚子事变之后，慈禧从西安回銮京师。显然，这时的慈禧对她当时害死珍妃的行为进行了反思。为了掩盖她的罪行，她找到了一个替罪羊，就是太监崔玉贵。但慈禧对崔玉贵的处治还是有所保留。慈禧并没有将崔玉贵处死，而只是撵出宫去。从对崔玉贵的这个有所保留的处治，我们也可以看出慈禧嫁祸于人的底气是不足的。

总之，就目前掌握的史料分析，慈禧害死珍妃说应当成立，珍妃自杀说理由不充分。

第九个谜案

与太监李连英关系之谜

民间传说，李连英是个假太监，还说慈禧太后与李连英有染。这是一个传播甚久的历史谜题。李连英是个假太监吗？慈禧太后真的与李连英有染吗？先看看民间对李连英身世的误读。

一　李连英身世的民间误读

李连英的身世，民间流传最广的版本是《清朝野史大观》卷一的记载：

> 皮硝李者，孝钦后（慈禧）之梳头房太监也，名莲英（连英）。直隶河间人。本一亡赖子，幼失怙恃，落拓不羁。曾以私贩硝磺入县狱，后脱羁绊，改业补皮鞋。此"皮硝李"三字之徽号所由来也。河间本太监出产地。同乡沈兰玉向与有故，先为内监，见而怜之。连英遂恳其引进。适逢孝钦后闻京市盛行一新式鬒，饬梳头房太监仿之，屡易人，不称旨。兰玉偶在阆阆房言及。阆阆房者，内监之公共休憩所。连英尝至此访兰玉者也。既聆孝钦后欲梳新鬒事，遂出外周览于妓寮中，刻意揣摩。数日技成，挽兰玉为之介绍。兰玉竟荐之，而连英遂从此得幸矣。迨东宫（慈安）既殂，益无忌惮，由梳头房晋为总管，权倾朝右。营私纳贿，无恶不作。奔走其门而得显位，如张荫桓、陈璧辈，其彰彰者也。当时慈眷之隆，至与孝

钦后并坐听戏，内廷御膳所遗各馔，例与内监膳用，孝钦后遇有连英所嗜之品，多节食以遗之。或先命小珰撤去，留俟连英食之。其四十寿辰，御赐珍品，蟒缎福寿等字，同于大员。内自军机，外自督抚，无不有庆祝之礼，赃私之积，以千万计。

这里所记李连英因善梳头而得慈禧宠幸，是流传最广流毒最深的民间传说。这个子虚乌有的传说，甚至被某些清史学者所接受。萧一山先生的《清代通史》卷下七十二即采用了此说：

> 光绪在同治中兴以后，虽恭王、醇王先后辅政，而威柄下移，其权力已不如一总管太监李连英。李连英者，河间无赖子，初为私贩，被捕入狱，得释后，改业补鞋。此"皮硝李"

慈禧扮观世音。左起：四格格、慈禧、李莲英。观世音菩萨，是菩萨当中知名度最高的，无人不知，无人不晓。她的名气甚至超过了释迦牟尼佛。佛界的四大观音菩萨，地藏王菩萨、文殊菩萨、普贤菩萨和观世音菩萨，其中观世音菩萨的地位是最高的。世人最崇拜的是观世音菩萨。人们认为观世音菩萨法力无边，大慈大悲，救苦救难。慈禧即以观世音菩萨自居，经常装扮成观世音拍照。李连英扮韦驮。四格格是庆亲王奕劻的四女儿，很得慈禧的宠爱

慈禧十大谜案破解

绰号之所由来也。河间本太监出产地，内监沈兰玉怜而引荐之，以善梳新髻得幸。东宫（慈安）既殂，晋为总管，权倾朝右，营私纳贿，无恶不作，奔走其门者，辄得显位。圣眷之隆，或并坐听戏，或乔装摄影，其形迹殊滋人疑猜，垂五十年而弗替。宣统年间，赃私之积，以千万计。

从以上进入学术著作的野史记载不难看出，这个野史记载流毒之深。其实，慈禧有专职梳头太监，叫梳头刘，名刘德盛。《宫女谈往录》的口述者老宫女，详细地口述了梳头刘给慈禧梳头的情况。

　　我没看见过李连英给老太后梳过头，也没听说过。七八年来侍候老太后梳头，给老太后当这份差的只有梳头刘。从来也没有别人替换过他。

　　……

　　且说宫女给刘太监掀起宫门的帘子，刘太监头顶黄云龙套的包袱（里面是梳头工具）走进来，双腿向正座请了跪安，把包袱从头顶上请下来，向上一举，由宫女接过来，然后清脆地喊一声："老佛爷吉祥，奴才给您请安啦！"侍寝的在卧室里喊一声："进来吧，刘德盛！"这是替老太后传话，可也是特别开恩，太监能经常进太后寝室的，刘太监算是独一份了。

　　刘太监进屋后磕完头（太监们早晨第一次见太后多数人都磕头，表示尊敬），打开黄云龙套包袱，拿出梳头的簪子、梳子、篦子等工具，开始梳头。这时老太后开腔了，你在外头听到什么新鲜事没有？说给我听听！刘太监早就预料到有这一问，于是将自己编造的那些龙凤呈祥、风调雨顺的故事，一个一个说给老太后听。

李连英还真的给慈禧梳过头，那是在1900年庚子之变慈禧出逃前。老宫女目睹了梳头的整个过程。老宫女回忆道：

这回真的轮到李连英给老太后梳头了。在我的眼里还是第一次。从外表看来，李连英笨得像头熊，可做起活来却非常灵巧。先把老太后的发散开，用热手巾在发上熨一熨后，拢在一起向后梳通。用左手把头发握住，用牙把发绳咬紧，一头用右手缠在发根扎紧辫绳。黑色的绳缠到约一寸长，以辫根为中心，把发分两股拧成麻花形，长辫子由左向右转，盘在辫根上。但辫根的黑绳务必露在外面，用一根横簪子顺辫根底下插过，压住盘好的发辫，辫根绳就起到梁的作用，这方法又简单又便当，不到片刻工夫，一个汉民老婆婆式的头就梳成了。最后在辫根黑头绳上插上老瓜瓢，让所有盘在辫根上的发不致松散下来。再用网子一兜，系紧，就完全成功了。李连英说，不要用蚂蚁蛋篡，不方便，不如这种盘羊式的发舒服。老太后这时只有听摆布的份了。这一切都是我在旁边当助手亲眼见到的。

从李连英这次给慈禧梳头的过程来看，李连英是个心灵手巧的人。但平时李连英是不给慈禧梳头的，另有专职的梳头太监。

这位老宫女的回忆真实细致，十分可信。其实，现在李连英的身世已经大白于天下。

二 李连英身世的真实情况

李连英的身世之谜之得以解开，是因为三个来源可靠的重要资料的相继发现。

一是李连英的墓志铭文。李连英的墓志拓片《皇清花翎二品顶戴大总管李公墓志铭》，详细地记载了李连英的一生，很有资料价值。

二是李连英的清宫档案。学者唐益年在清宫内务府档案中找到了《李连英履历》档案，为破解李连英身世之谜立了大功。

三是老宫女的亲身回忆。老宫女经慈禧指婚，嫁给了太监刘祥。刘祥是李连英的徒弟。李连英平时将自己的身世经常讲给徒弟刘祥听。刘

慈禧十大谜案破解

祥也把自己听到的李连英的身世，不断地讲给老宫女听。老宫女是个有心人，记忆好，口才健。她把听到的关于李连英的身世，一五一十地讲给了作家金易、沈义羚听。于是，就有了《由皮硝李到恩济庄——我所知道的李连英》这样一篇重要的回忆录。

综合分析以上三个重要的资料，可以基本廓清李连英的身世。

李连英（1848—1911年），原名李英泰，字灵杰，道号乐元。入宫后慈禧赐名李连英，后被误写为李莲英，以李莲英之名行于世，而档案和正史记载都用李连英名。祖籍浙

慈禧扮观世音。左起：三格格、四格格、慈禧、李连英。慈禧扮观世音，李连英扮韦驮。韦驮，人称韦驮菩萨。居四天王三十二神将之首，是佛教中的护法天神。韦驮本来是保护释迦牟尼佛的。慈禧让韦驮保护观世音菩萨，也是一个变通。韦驮变成了观世音菩萨的高级侍卫。让李连英装扮韦驮，说明慈禧对李连英的信任

江绍兴。"其先世多宿儒显官，后世椒衍瓜行，支分派别"，家道衰落。明末清初，祖辈迁徙山东。后来，辗转流落到直隶河间府大城县。

道光二十八年（1848 年）十月十七日，李连英出生在直隶河间府大城县李家村。李家村紧靠子牙河，距北京大约 300 里，是一个十年九涝的低洼地带。只要小雨连绵，便颗粒无收。因为穷，这里许多人家便把孩子送去当太监。清宫里的太监大多是这一带人。

李连英家境贫寒。其祖父祖母都饿死在灾荒年代，只留下一个 10 岁的男孩子李玉。他就是李连英的父亲。李玉在死亡线上挣扎。后来，

投靠了同族叔李柱，得以安身立命，娶妻生子。李连英兄弟五人：老大李国泰、老二李英泰（李连英）、老三李宝泰、老四李开泰、老五李世泰，还有两个妹妹。

李玉在家乡吃不上饭，就通过亲戚的关系，在北京西直门外堂子胡同开了一个作坊，名永德堂李皮作坊。这就是后来李连英被称为"皮硝李"的原因。

咸丰四年（1854年），因生活艰难，无以为继，不得已将李连英送到专门干净身行当的地方净了身，那时李连英才虚龄7岁。咸丰七年（1857年），李连英进宫，起名李进喜，分配在奏事处当差。

咸丰十年（1860年），李连英被调到东路景仁宫当差。同年，英法联军侵犯北京。八月八日，咸丰皇帝偕后妃大臣北逃热河，13岁的李连英"以童年随扈奔走跋涉"，也随之逃到热河。咸丰十一年（1861年）七月十六日，咸丰帝病逝于热河避暑山庄。此后，慈禧、慈安两太后联合恭亲王奕䜣，于九月三十日，在回銮北京的当天，就成功地发动了震惊中外的辛酉政变，真正掌握了皇权。野史记载，李连英在这次政变中干过一桩惊天动地的大事，就是来往于热河与北京之间，为慈禧传送政变的重要情报。事实上，这是根本不可能的。因为当时的李连英，既不是东路钟粹宫慈安太后的太监，也不是西路储秀宫慈禧太后的太监。同时，他只有14岁，还太年轻。慈禧不会把这么重要的任务交给他去完成。而且，传送热河与北京之间的情报，不是由某个人单独去做的，而是利用方略馆的正当渠道，通过书写暗语密信，巧妙地完成的。即使李连英的墓志碑文也只是说"虽艰苦备尝，未曾言念及之"，也没有提到他有何功劳。因此，李连英在辛酉政变中没有起到任何作用。

此后，李连英得到了人生一大际遇。就是同治三年（1864年）四月二十日，17岁的李连英被调到长春宫慈禧太后御前当差。从此，李连英得以近距离地接触慈禧太后，这为他以后的飞黄腾达提供了先决条件。

此时，李连英同慈禧太后的宠监安得海同为慈禧服务。档案记载，安得海与李连英同时入宫，比李连英年长一岁。安得海很走运，入宫就分到储秀宫为懿贵妃当差。他聪明伶俐，办事利索，很得慈禧太后青睐。慈禧甚至给他起了一个小名，叫灵珊。因为得到慈禧的重视，同治七年（1868 年），22 岁的安得海连升两级，赏戴六品顶戴。但是，好景不长，安得海目光短浅，恃宠而骄，眼睛里只有慈禧太后一人，其他的人，包括恭亲王奕䜣，甚至同治皇帝、慈安太后，都不放在眼里。后来，安得海从慈禧那里得到了一个到广东采办龙衣的机会。他一路之上，大肆招摇，侵扰地方。同治八年（1869 年）八月初七日，山东巡抚丁宝桢将其在济南正法，暴尸三天。

22 岁的安得海的如此下场，李连英历历在目，铭刻在心。此时的李连英并不像民间传说的那样，立即平步青云，飞黄腾达。安得海一案，他也受到了牵连。先是被无缘无故地罚掉薪俸，继而又因"滑懒不当差"被革去八品顶戴及钱粮。后来又官复原职。总之，安得海的被杀，使李连英看清了自己在皇宫中真正的位置。从此，他在宫内，低调做人，小心谨慎，"事上以敬，事下以宽，如是有年，未尝稍懈"。

直到同治十一年（1872年），25 岁的李连英终于开始走运。同年九月二十一日，他被赏戴六品顶戴花翎，食月薪银 8.5 两。同治十三年（1874年），27 岁的李连英进入更加辉煌的时期。这一年，他三逢喜事：一是三月十日，他被任命为储秀宫掌案首领大太监；二是九月十五日，他被赏戴四品顶戴花翎；三是十一月十二日，他被加赏貂皮马褂。

慈禧扮观音。右为李连英

以后，李连英在太监的路上一帆风顺，官运亨通。光绪五年（1879年）十二月二十八日，32 岁的李连英被任命为四品花翎总管，赏食月薪 20 两；光绪七年（1881 年）十月十四日，34 岁的李连英被赏戴三品顶戴花翎，赏月薪 28 两；光绪十年（1884 年）十月初一日，赏食 38两月薪；光绪十六年（1890 年）六月十七日，奉旨月薪添加 10 两，达到 48 两；光绪二十年（1894 年）正月初一日，47 岁的李连英被赏戴二品顶戴花翎。

至此，李连英的升迁达到了清朝太监行当的登峰造极的地步。

李连英一生所做的最大的一件事是以监军的身份巡视北洋海军。光绪十二年（1886 年），慈禧派总理海军大臣醇亲王奕譞与海军衙门会办大臣李鸿章、善庆校阅北洋海军。醇亲王奕譞是个城府深邃、处事谨慎的人。鉴于其六兄恭亲王奕䜣的前车之鉴，为了免除慈禧的猜忌，奕譞

左起：善庆、奕譞、李鸿章。总理海军大臣醇亲王奕譞与海军衙门会办大臣李鸿章、善庆在天津海光寺行辕合影。此照片当是奕譞、李鸿章、善庆等编练海军时所摄

主动提出让大太监李连英随行。这正合慈禧太后的心意。慈禧爽快地批准了他的请求。于是，李连英就有随扈醇亲王奕譞的北洋海军的校阅之行。

奕譞一行于光绪十二年（1886年）四月十三日抵达天津，会见李鸿章。次日赴大沽；十五日，出海至奉天旅顺口，视察炮台并阅看南北洋水陆军操练；十八日、十九日，检阅威海卫与烟台；二十日，回大沽；二十二日，回到天津。这一次校阅，从四月十三日抵达天津，到二十二日回到天津，首尾共十天。奕譞、李鸿章、善庆等，全面地检查了北洋海军的舰队和海防要塞、水陆学堂、水陆操练、机器厂局等。《李连英墓葬碑文》记道："当醇邸（醇亲王奕譞）观兵海口，公（李连英）从之，维持左右。"

李连英的随行，慈禧并没有明确地给他以监军的名义。但无其名，却有其实。深谙太监身份含义的李连英，知道此行包含的危险因素。安得海被正法的殷鉴不远，李连英不愿意以身试法。他此行是在走钢丝，险象丛生。为此，他首先摆正了自己的位置。他自认为，是慈禧太后派他来侍候七王爷醇亲王奕譞的。李连英此行的表现，他亲口讲给其徒弟太监刘祥听，刘祥又讲给老宫女听。老宫女说：

> 光绪十四年（作者按：应为十二年），太后命七王爷奕譞视察北洋海军，让李连英陪同。这等于七王爷是正的，李连英是副的。太监当钦差大臣视察海军，在大清朝还是第一次。因为祖宗的制度非常严格，太监不许过问政治。李连英非常了解这一点，于是把二品顶戴（作者按：此时应为三品顶戴）换成了四品顶戴，因祖宗制度太监最高不得过四品，规规矩矩地随着七王爷出发。在海船上，他不住给他预备的仅次于七王爷的豪华舱舍。他说：我怎能跟七王爷、李中堂（李鸿章）比呢？他坚持住在七王爷的套间里，不和任何官员接触，白天只是在七王爷面前站班侍候，拿着七王爷的长杆烟袋，提着麂子

皮的大烟袋荷包，往侧面一站，低眉敛目，自认为是太后钦派来侍候七王爷的。晚上，预备好热水，要侍候七王爷洗脚。说：我平日没机会侍候七王爷，现在请赏脸让我尽点孝心。感动得七王爷连连地拱手。一趟差事回来，李连英的名誉不知提高多少倍！七王爷、李鸿章争着向太后称赞，老太后更喜滋滋的，显然是给老太后露了脸，争了气，堵住了一班朝臣的嘴，连说：没白心疼他。

著名的维新派人士王照，对李连英随醇亲王奕譞校阅北洋海军持有与一般人完全不同的见解。王照，字小航，直隶宁河人。光绪二十年（1894 年）进士，任礼部主事。在光绪帝实行戊戌变法期间，王照是一个著名变法人物。他曾经掀起一个大波澜。他大胆上书，陈述"转移观听之法"，建议"请皇上奉皇太后圣驾巡幸中外，以益光荣而定趋向也"。他请礼部尚书怀塔布等代递，遭到拒绝。后来，王照怀揣奏折，到礼部大堂，要求礼部堂官亲递，否则就往都察院递之。怀塔布等不得已，答应代递。但在正折外，夹带附片，说"折请皇帝游离日本，系置皇帝于险地，故不敢代递"。光绪帝抓住这个阻隔奏折的事件，想要狠狠地教训一下守旧派，便下令罢免了礼部全部六个部级正副部长，并以王照"不畏强御，勇猛可嘉，着赏给三品顶戴，以四品京堂候补，用昭激励"。就是这个王照，发表了关于李连英随醇亲王奕譞校阅海军的看法。鉴于王照的观点向来激烈，他的这个见解就特别引人注目。他在《方家园杂咏纪事》中记道：

> 及王（奕譞）赴烟台阅海军，懿旨赐杏黄轿。王不敢乘，而心益加惕，力请派李连英偕往。出宫后，每见文武各员，皆命李连英随见。王意在避本生擅权之嫌也。而连英怵于安得海之祸，布靴布衣，每日手执王之旱烟筒，大皮烟荷包，侍立装烟。退则入王之夹室中，不见一人。时直鲁两省卑鄙官员，欲

慈禧十大谜案破解

178

趁机逢迎大总管者，皆大失所望。王之左右与李连英皆一介不取而归，王大赞赏之。

王小航的这个记载同老宫女的上述口述几乎不谋而合。这两个材料互为印证，说明李连英校阅北洋海军一行，既完成了慈禧交给的监军任务，又邀得了当朝官员的某些好评。

但是，太监出宫，违背祖制。李连英因为此事及其他的事，曾三次遭到耿介官员的弹劾。

第一次弹劾的发难者是御史朱一新。李连英随亲王校阅新建的北洋海军，是前所未有的。有的御史认为这无论如何也是不妥的，朱一新就是其中之一。事情已经过去将近四个月了，朱一新按捺不住，于光绪十二年（1886年）八月二十四日，借山东、山西、河北等省暴发水灾为由，提出《遇灾修省预防宦寺流弊》一折，向慈禧犯颜直谏：

> 我朝家法，严驭宦寺。世祖（顺治帝）宫中立铁牌，更亿万年，昭为法守。圣母垂帘，安得海假采办出京，立置重典。皇上登极，张得喜等情罪尤重，谪配为奴。是以纲纪肃然，网敢恣肆。今夏巡阅海军，太监李连英随至天津，道路哗传，士庶骇谔。意深宫或别有不得已苦衷，匪外廷所能喻，然宗藩至戚，阅军大典，而令刑余之辈厕乎其间，其将何以诘戎兵崇体制？

御史朱一新将李连英随醇亲王奕譞校阅海军一事作为奏折，公开提将出来。这是在太岁头上动土，是需要很大胆量的。朱一新，浙江义乌人。光绪二年进士。

第二天，八月二十五日，慈禧急忙颁布懿旨，驳斥朱一新的奏折：

> 前于四月间，派醇亲王奕譞巡阅北洋海口。因该亲王远涉

179

风涛，实深眷念。皇帝亦时切廑系。故于召见时谕知，欲派宫监带领御医全顺随往，以时调护。当据该亲王面称，总管太监李连英，人极谨饬，请派随往。迨回京时召见该亲王，谕以李连

慈禧皇太后御笔之宝

英有无招摇情事。据称，该总管太监沿途小心侍应，实与府中随往太监无异，绝无丝毫干预外事。

慈禧借懿旨讲明了派李连英随醇亲王奕譞巡阅海军的经过。这是奕譞"请派随往"的，不是我主动派去的。同时，派李连英是为了照顾奕譞的身体的，"以时调护"。而且，李连英同其他太监一样，"实与府中随往太监无异，绝无丝毫干预外事"。

接着，慈禧的懿旨又语气严厉地质问朱一新，让他"明白回奏"：

我朝廷优礼近支亲藩，宫廷太监赐予往来，系属常有之事。此次该亲王巡阅洋面，迥非寻常差使可比，特派太监带同御医随行，以示深宫眷注体恤之意，于公事毫无干涉。该御史既未悉内廷规制，又复砌词牵引，语多支离姑置勿论。唯所称李连英随至天津，道路哗传，士庶骇愕，与该亲王面奏各语，大相径庭，是否确有实据；又称深宫或别有不得已之苦衷。语义尤不可解。以上两节，着朱一新明白回奏，不得稍涉含混。

在慈禧的严厉质问下，朱一新陷入了被动的境地。他说不清楚，不能明白回奏。于是，八月二十八日，慈禧再降懿旨，再次批驳了朱一

新，说他"徒以虚诞之词，希图耸听。一加诘责，自知词穷。辄以书生迂执，强为解免"，并将他降为主事，以示处分。朱一新只得"乞终归养"，弃官回乡。

第二次弹劾的发难者是学政王先谦。 光绪十四年（1888年）江苏学政王先谦以太监李连英招摇，奏请惩戒。他奏称：

> 宦寺之患，自古为昭，本朝法制森严，从无太监揽权害事。皇太后垂帘听政，一秉前谟，毫不宽假，此天下臣民所共知共见者。乃有总管太监李连英，秉性奸回，肆无忌惮，其平日秽声劣迹，不敢形诸奏牍。唯思太监给使宫禁，得以日近天颜，或因奔走微长，偶邀辰顾，度以事理所有。独该太监夸张恩遇，大肆招摇，致太监篦小李之名，倾动中外，惊骇物听，此即其不安分之证明。易曰：履霜坚冰，渐也。皇太后、皇上于质治保邦之道，靡不勤求凤夜，遇事防维。今宵小横行，已有端兆，若不严加惩办，无以振纲纪而肃群情。

王先谦，字益吾，湖南长沙人，同治四年（1865年）进士。曾任国子监祭酒，国史馆总纂，实录馆总校，江苏学政。是晚清的一个著名学者，著作颇丰。他的奏折虽然感情充沛，但关于李连英，他只提出了一个绰号"篦小李"，其他没有什么过硬的证据。同时，他毕竟只是一个学者。因此，他的奏折没有引起慈禧的重视。

第三次弹劾的发难者是御史安维峻。 中日甲午战争之后，言官上奏，追究清廷战败的责任。福建道御史安维峻于光绪二十年（1894年）十二月二日上奏，声讨李鸿章，涉及李连英，直指皇太后。奏折中说道：

> 倭（日本）贼之议和，诱我也。彼既外强中干，我不能激励将士决计一战，而乃听命于倭贼。然则此举非议和也，直

纳款耳。不但误国，而且卖国。中外臣民，无不切齿痛恨，欲食李鸿章之肉。而又谓和议出自皇太后，太监李连英实左右之，此等市井之谈，臣未敢深信，何者？皇太后既归政皇上，若仍遇事牵制，将何以上对祖宗，下对臣民？至李连英是何人斯，敢干政事乎？如果属实，律以祖宗法制，李连英岂复可容？

这个奏折，全篇声讨，火力十足。其中的"而又谓和议出自皇太后，太监李连英实左右之"一句，语言露骨，直指慈禧。光绪帝太熟知慈禧的脾气了，知道如果不严办安维峻，慈禧大怒，很可能兴起大狱。为此，光绪帝当天发布上谕，申斥了安维峻：

乃本日御史安维峻，呈进封奏，托诸传闻。竟有"皇太后遇事牵制，何以对祖宗"之语，肆口妄言，毫无忌惮。若不严行惩办，恐开离间之端。安维峻着即革职，发往军台效力赎罪，以示惩戒。

慈禧与隆裕皇后，瑾妃，德龄，德龄之母，元大奶奶，奕劻的三女儿、四女儿及李连英

安维峻，字晓峰，甘肃秦安人。光绪五年（1879 年）进士。授翰林院编修，光绪十九年（1893 年）始升为福建道御史。他的发难，以李连英为由头，实际把矛头指向了慈禧太后。由于光绪帝及时制止，安维峻的发难也就流产了。

这三次对李连英的弹劾，结果都没有触动李连英，是有原因的。这里，慈禧太后对李连英的保护起了根本的作用，但也不能不说，李连英确实没有干预政事。低调做人，不干政事，是李连英的行为准则。这个行为准则无形地保护了他自己。

李连英在维护同慈禧太后亲密关系的同时，还同光绪皇帝保持着友好关系。他自认自己是奴才，对光绪帝诚惶诚恐，毕恭毕敬。

即使在光绪帝被囚禁在瀛台期间，他也是以太监的身份对待光绪帝的。在庚子之变的西逃路上，李连英对光绪帝也是格外注意照顾。西逃回銮至保定行宫时，慈禧太后的行宫豪华舒适，而光绪帝的住处冷落凄凉。李连英在安排慈禧太后入寝后，来到光绪帝的寝殿。一看光绪帝竟然呆坐未睡，一问原来光绪帝没有被褥，天冷无法入睡。此时的李连英抱住光绪帝的腿，大哭不止，说道："奴才罪该万死！"赶忙把自己的被褥送来给光绪帝用。光绪帝在回忆西逃落难的情景时，感慨地说道："要没有李谙达，我就活不到今天！"光绪帝对李连英始终抱有好感。

三　慈禧对李连英宠信的原因

慈禧一生对李连英宠信未衰。晚年的李连英成了慈禧的一个"伴儿"。晚清的宫廷太监对此都有一些生动的回忆。太监刘兴桥、赵荣升、冯乐庭等在《晚清宫廷生活见闻》里回忆道：

> 清代末年，女主里寡妇多。当权的西太后虽然有好多事要做，但是日子过得看起来也是怪无聊的。她闲下来的时候，写写字，画点画，看看戏……心神也像没有着落似的。能解西太

慈禧对弈图轴。慈禧太后与太监下围棋

后心烦的是太监李连英。李连英最会服侍她，成了她离不开的人。他两人的感情看起来非常亲密。

就我们知道，每天三顿饭，早晚起居，他俩都互派太监或当面问候："进得好?""吃得香?"有时候，西太后还亲自到李连英的寝室招呼："连英啊，咱们遛弯去呀!"李连英就陪她去玩。他俩走在前边，其余的人远远地随在后面。西太后有时还把李连英召到她的寝宫，谈些黄老长生之术，两人常常谈到深夜。

其实，处在皇宫深处的慈禧太后，是"高处不胜寒"，十分的孤独。在这一点上，慈禧不如寻常百姓。她没有可以谈论家常的三五友伴。精通心理需求的李连英逐渐成为慈禧的谈话对象。令人吃惊的是，慈禧居然降尊屈就，将太监李连英变成谈吐的友伴。甚至亲自到李连英的住处，招呼他出来遛弯。真是匪夷所思。太监耿进喜曾回忆道："老太后有时候没事也溜溜达达，上李总管（李连英）屋里待会儿。"看起来，皇宫里的太监都知道这件事，很平常了。

慈禧太后对李连英终身宠信未衰的原因，主要有三点：

其一，设想全面，侍奉周到；其二，不予政事，不多一言；其三，精通心理，善于迎合。

民间传说李连英是假太监，并由此衍生出李连英给慈禧按摩腿脚的

慈禧十大谜案破解

184

传闻。其实这些完全是无稽之谈。慈禧的贴身老宫女回忆给慈禧洗脚的事，认真地说道：

> 旗人虽然是天足，但也和汉人同样，对于脚却也要隐蔽的。洗脚、换袜子都不让外人看见。当媳妇的都是关上门，睡觉前洗脚。儿子年岁大了，妈妈洗脚，全不让儿子看见，更不用说光着脚走出闺门了。老太后为了显示自己的教养，为了显示自己的高贵，为了显示自己的尊严，对于这些事是非常注意的，向来不许太监沾手。有人瞎编，说老太后脚痛，把脚放在椅子上，伸着腿让李连英给按摩，这纯是胡说。退一百八十步说，李连英是个丑八怪，驴脸，长下巴，大鲶鱼嘴，编瞎话的人也不会挑选对象。他们以为李连英还像唱戏里的风流小生似的呢。所以我不愿意说宫里的事，除了费话还惹气！

这已经很清楚了。李连英给慈禧按摩腿脚的传闻，全都是空穴来风。

民间传说李连英是假太监，那是对太监制度不了解造成的。太监制度是完整的、系统的、严格的。假太监无论如何也混不进宫里去。老宫女借老太监张福的口，说明了对太监所作的严格检查。老太监张福说道：

> 只要太监能进宫，那就是检验合格的太监。不合格的太监，是绝对不许进宫的。如果查出不合格的太监来，上至内务府的大臣，下至敬事房的总管，要挨着个掉脑袋。大清国二百多年，宫廷里最干净。太监的验身房是在宫廷外头景山东面的东北角叫黄化门的地方。黄化门（现在是一条胡同名）一进口有个大庙，庙墙后面有几排房，这就是太监验身、净荏的地方。太监要一年一度验身的。不仅仅是宫里的太监，各王府的

穿戴整齐的清末太监合影

太监都要来这里验身，这是敬事房的规矩。不过有身份的老太
监到这里来说说话，喝喝茶，应个卯也就算了。因为他们验过
几十次，不会出错的。这儿也准备有刀儿匠，是刷茬用的，但
全是太监充当，没有普通郎中。

有专门的机构，在固定的时间，对所有的太监进行定期检查。如果
发现问题，还有专门的技师（刀儿匠）进行后期处理，即继续刷茬。
因此，清宫里的太监没有一个是假的。老宫女还说：

> 清代的内务府就一年春秋两季检查太监，二次净身、三次
> 净身的都有。通过贿赂漏检的，当官的要掉脑袋，谁敢担那个
> 不是？太监的家都是穷到底，有钱的人谁也舍不得割去命根
> 子，净身后托人靠脸巴结一份差事，净身不干净，谁敢给引进
> 啊！没事拿脑袋耍着玩，在制度上，在情理上，都是没影
> 的事。

可见，当时对太监的管理是十分严格的。同时，清宫还建立了严格的太监值夜"守更"制度。老宫女详细地说明了这个严格的太监值夜制度。老宫女说道：

戌正（晚八点）的时候，西一长街的打更的梆子声，储秀宫里就能听到了。这是个信号，没有差事的太监该出宫了。八点钟一过，宫门就要上锁，再要想出入就非常难了。因为钥匙上交到敬事房，请钥匙必须经过总管，还要写日记档，说明原因，写清请钥匙的人，内务府还要查档，这是宫廷的禁例，谁犯了也不行。所以八点以前值班的老太监就把该值夜的太监带到李连英的住处，即皇极殿的西配房。经过李总管检查后，分配了任务，带班的领着进入储秀宫。谁迟到是立时打板子的，这一点非常严厉。这时候体和殿的穿堂门上锁了，南北不能通行。储秀宫进门的南门口留两个太监值班，体和殿北门一带由两个太监巡逻。储秀宫东西偏殿和太后正宫廊子底下，各一人巡逻。这是我知道的太监值夜情况。

计算一下，在储秀宫院子里共有七名太监值夜。这是为慈禧设置的第一道守护防线。此外，清宫还建立了严格的宫女值夜制度。老宫女用亲身的经历说道：

值夜，我们叫"上夜"，是给太后、皇上、后、妃等夜里当差的意思。储秀宫值夜人员是这样分配的：

一、门口两个人。这是老太后的两条看门狗，夏天在竹帘子外头，冬天在棉帘子里头。只要寝室的门一掩，不管职位多么高的太监，不经过老太后的许可，若擅自闯宫，非剐了不可。这也不是老太后立下的规矩。这是老祖宗立下的家法，宫里的人全知道。

清末宫女

　　二、更衣室门口外头一个人。她负责寝室里明三间的一切，主要还是仔细注意老太后卧室里的声音动静，给卧室里的侍寝当副手。

　　三、静室门口外一个人。她负责静室和南面一排窗子。

　　四、卧室里一个人。这是最重要的人物了。可以说天底下没有任何人比侍寝跟老太后最亲近的了，所以侍寝最得宠，连军机处的头儿、太监的总管，也比不上侍寝的份儿。她和老太后待的时间最长，说的话最多，可以跟老太后从容不迫地谈家常。宫里头大大小小的人都得看她的脸色。侍寝是我们宫女上夜的头儿。她不仅侍候老太后屋里的事，还要巡查外头。她必须又精明、又利索、又稳当、又仔细，她也最厉害，对我们这些宫女，说打就打，说罚就罚。不用说她吩咐的事你没办到，就连她一努嘴你没明白她的意思，愣了一会神儿，你等着吧，回到塌塌（下房）里头，不管你在干什么，劈头盖脑先抽你一顿笤帚把子，你还得笔管条直地等着挨抽。侍寝的也最辛苦，她没毡垫子，老太后屋里不许放，她只能靠着西墙，坐在地

慈禧十大谜案破解

上，离老太后床二尺远近，面对着卧室门，用耳朵听着老太后睡觉安稳不，睡得香甜不，出气匀停不，夜里口燥不，起几次夜，喝几次水，翻几次身，夜里醒几次，咳嗽不，早晨几点醒，都要记在心里，保不定内务府的官儿们和太医院的院尹要问。这是有关他们按时贡献什么和每日保平安的帖子的重要依据，当然是让总管太监间接询问。

从这位老宫女的自述，我们可以知道，在储秀宫里值夜的宫女共五名。她们分工细致，合作紧密。而最重要的是侍寝的宫女。她在离慈禧只有二尺的地方值夜，任务繁重，责任重大。这五位宫女组成了一个为慈禧值夜的小组，对慈禧既是侍卫，也是限制。老宫女说道："当初安排宫女们值夜，当然主要是为了侍卫后妃，其次，也有限制年轻的后妃的意思。"

清代皇宫建立了太监侍卫制度和宫女值夜制度，这就保证了后妃必须严守祖制，不得违犯。因此，李连英是假太监的传闻，就不攻自破了。

第十个谜案
光绪皇帝死亡原因之谜

　　戊戌政变后，慈禧太后幽禁光绪帝于瀛台。光绪帝成了慈禧太后十足的傀儡。他深知，自己的生命完全操纵在慈禧太后的手里。珍妃之死，使他更加认识到慈禧太后的心肠之狠和手段之毒。于是，他便韬光养晦，以图东山再起。但是，光绪帝最终驾崩了。

　　他死得很蹊跷。光绪三十四年十月二十一日酉正二刻三分（1908年 11 月 14 日 18 时 33 分），光绪帝崩逝于中南海瀛台的涵元殿。光绪三十四年十月二十二日未正三刻（1908 年 11 月 15 日 14 时 45 分），慈禧太后宾天。也就是说，光绪皇帝死后不到 21 小时，慈禧太后就死去了。

　　由于他们在不到 21 小时内相继去世，而且光绪帝死在了慈禧太后的前面，联想到他们生前的恩恩怨怨，于是关于光绪皇帝之死，就产生了两种说法：一是被害死亡说；一是正常病死说。

一　被害死亡说

　　这个说法流传甚广。其实，自光绪二十四年（1898 年）戊戌政变后，光绪帝就成了慈禧太后的一个十足的傀儡。召见臣工时，他只有陪坐的份儿，被剥夺了任何发言权。只是在慈禧命他问话时，他才说上一两句无关痛痒的话，且声音极低，有时需太后重复，臣子方能听见。对此，吴永有极为形象的记载：

先相对数分钟，均不发一言。太后徐徐开口曰："皇帝，你可问话。"乃始问："外间安静否？年岁丰熟否？"凡历数百次，只此两语，即一日数见亦如之。二语以外，更不加一字。其声极轻细，几如蝇蚊，非久习，殆不可闻。

光绪帝这样做，一方面固然是碍于慈禧的淫威，另一方面也不排除他是有意在韬光养晦，以图有朝一日东山再起。因此，他在慈禧面前表现出来的是忠顺、木讷，好像对政治已完全失去了兴趣。这是他深自愧悔呢，还是韬光养晦呢？或者二者兼而有之，则不得而知了。

光绪帝死后，不到21小时，慈禧太后亦宾天。即不到21小时，两宫相继死去。而且，光绪帝在先。这就使人们自然地产生了诸多疑忌。人们不禁要问，为什么这么巧合？是不是其中有鬼？因此，私家记载便生出了种种猜测，其中多数说法是光绪帝是被毒死的，而其凶手又说法不一。这就是光绪被害死亡说。

被疑为凶手的有五人，即袁世凯、李连英、崔玉贵、奕劻和慈禧。

第一个是袁世凯。

袁世凯因戊戌政变告密有功，颇受慈禧及荣禄的赏识。李鸿章病逝后，袁世凯被任命为署直隶总督兼北洋大臣，接了李鸿章的班。光绪二十八年五月（1902年6月）又实授直隶总督兼北洋大臣，以后又兼商务大臣、电政大臣及会办练

袁世凯

慈禧十大谜案破解

兵事务大臣。袁世凯又训练出了北洋六镇新军，兵力骤增至九万余人，形成了以他为首脑的北洋军事政治集团。因其势力急剧膨胀，遭到满洲亲贵的疑忌，慈禧亦担心其尾大不掉，酿成后患。为此，于光绪三十三年七月二十七日（1907年9月4日）免去其直隶总督兼北洋大臣职务，授为外务部尚书、军机大臣。其目的是翦除其令人担忧的兵权。但不管怎么说，袁世凯仍稳握兵权。袁世凯虽然官运旺达，如日中天，但是他有一个最大的心病，即他深知，因戊戌政变，光绪帝是对他切齿痛恨的。

怀来县县令吴永根据亲眼所见的记载，是很有说服力的。他记道：

> 宫监对于皇上，殊不甚为意，虽称之为万岁爷，实际不啻为彼辈播弄傀儡。德宗亦萎靡无仪表，暇中每与诸监坐地作玩耍，尤好于纸上画成大头长身各式鬼形无数，仍拉杂扯碎之；有时或画成一龟，于背上填写项城姓名，粘之壁间，以小竹弓向之射击，既复取下剪碎之，令片片作蝴蝶飞。盖其蓄恨于项城至深，几以此为常课。

项城即袁世凯，袁世凯生于河南省项城县。这里生动逼真地刻画出了光绪帝对袁世凯的仇视。光绪帝如此痛恨袁世凯，袁世凯自然心中有数。如果光绪帝死于慈禧太后之后，袁世凯就有被光绪帝杀头的可能。为此，由袁世凯主谋暗害光绪帝也是极有可能的。

当时人就有这种猜测。宣统帝溥仪在《我的前半生》里写道：

> 我还听见一个叫李长安的老太监说起光绪之死的疑案。照他说，光绪在死的前一天还是好好的，只是因为用了一剂药就坏了，后来才知道这剂药是袁世凯使人送来的。

其实，清宫规定，皇帝用药的手续十分严格。袁世凯不敢随便进药，进了药，皇帝也不能随便服用。细分析这段话，溥仪是听老太监说的，老太监是听别人说的。这些话都是口口相传，因此，不能作为凭据。

尽管袁世凯有作案的动机，但迄今为止没有发现任何确凿的证据。因此，不能指实袁世凯是谋害光绪帝的凶手。

第二个是李连英。

因李连英为慈禧之宠监，人们便猜测光绪帝一定衔恨李连英。传说在慈禧患病时，李连英为保全自己，同慈禧合谋毒杀了光绪帝。

慈禧御前女官德龄在《瀛台泣血记》里写道：

> 万恶的李连英眼看太后的寿命已经不久，自己的靠山快要发生问题了，便暗自着急起来。他想与其待光绪掌了权来和自己算账，还不如让自己先下手的好。经过了几度的筹思，他的毒计便决定了。"近来奴婢听许多人说，万岁爷的身子很不好。"凑某一个机会，他就悄悄地向太后说，语气是非常的奸猾，"奴婢愿意去瞧瞧他看，或者可以使他的身体好起来"。他这一串说话的深意，当时太后究竟有没有听清楚，实在没有

德龄公主满族服装照　　　　德龄公主着七世纪唐朝服装照

196

人敢断定了。但为稍存忠厚起见，我们不妨姑且说她因为病中精神恍惚，所以没有窥测到李连英的真意。就在李连英说过这一番话的第二天，光绪便好端端地也害起厉害的病来了。当下少不得就召御医进宫诊视，无奈他们谁都想不到其中会有下毒的阴谋。诊下他的脉，一个也说不出是什么病症。只得随便煮一些开胃安神的药让他喝喝，只有光绪自己心里是明白的。他料定必是李连英在饮食中下了毒，存心要谋杀他。但李连英究竟下了什么毒，应该怎样才解救得转，他就无法可想了。那时只有一个人是可以救他的，那就是太后。可惜太后到底不曾出来干涉。于是她就在无形中帮助李连英达到了目的。

胡思敬在《国闻备乘》里说：

> 德宗先孝钦一日崩，天下事未有如是之巧。外间纷传李连英与孝钦有密谋。予遍询内廷人员，皆畏罪不敢言。

上述的记载都是耳闻，而非亲见。这就不能作为直接证据。我们进一步思索，也找不到光绪帝仇恨李连英的动机。尽管野史记载李连英如何苛待光绪帝，但实际情况并非如此。因为李连英身为太监，他自知是个地位卑下的奴才。他既怕得罪太后，又怕开罪皇帝。因此，他在光绪帝面前始终是

慈禧在颐和园仁寿殿前乘舆照。前立者左为崔玉贵，右为李莲英

诚惶诚恐的。这是在预留地步。慈禧洞烛其心。为此，李连英曾一度宠衰。只是李连英仍像没事儿似的示之以诚，才逐渐恢复了原来的地位。

总之，说李连英谋害光绪帝，只是人们的一种猜测，实在拿不出任何确凿的证据。

第三个是崔玉贵。

崔玉贵为慈禧御前的首领太监，也深得慈禧宠幸。八国联军攻入北京，慈禧在逃跑前，命崔玉贵将珍妃从软禁之地北三所提出来，然后扔到井里。珍妃是光绪帝之爱妃。崔玉贵是杀害珍妃的刽子手。回銮后，慈禧为取悦西方列强，便着意改变自己的形象，放风说本不想杀害珍妃，而是崔玉贵误听懿旨，擅自所为，并将其逐出宫去。后来风声小了，又将崔玉贵召回宫中。崔玉贵自知，如果光绪帝亲政，他是逃不过一刀的。人们也是这样分析的。自然，他便成了杀害光绪帝的嫌疑犯之一。但是，任何人也拿不出像样的证据。

第四个是奕劻。

胡思敬在《国闻备乘》里记道：

庆亲王奕劻

> 迨奕劻荐商部郎中力钧入宫，进利剂，遂泄泻不止。次日，钧再入视，上（光绪帝）怒目视之，不敢言。钧惧，遂托疾不往。谓恐他日加以大逆之名，卖己以谢天下也。

这是说，奕劻借郎中力钧之手毒害光绪帝。可是，奕劻为什么无缘无故地要谋害光绪帝呢？于理不通。这显然是道听途说。

慈禧十大谜案破解

第五个是慈禧。

恽毓鼎在《崇陵传信录》里记道：

> 时太后病泄泻数日矣。有谮（zēn，诬陷）上者，谓帝闻太后病。有喜色。太后怒曰："我不能先尔死！"

石青绸绣衫云金龙朝褂。皇太后等穿用的礼服。慈禧即穿用此类礼服

既然如此，慈禧似乎就命人将光绪帝先行谋害了。但细究原委，这仍然是一种传说，无法指实。

慈禧对光绪帝的病情是心中有数的。她时刻关注着光绪帝病情的变化。十月二十日，她发现光绪帝的病已露危象，必须立即安排后事。于是，慈禧当机立断，于十月二十日连发三道谕旨。

第一道：

"上（光绪帝）不豫。谕内阁：朕钦奉慈禧端佑康颐昭豫庄诚寿恭钦献崇熙皇太后懿旨：醇亲王载沣之子溥仪着在宫内教养，并在上书房读书。"

第二道：

"又谕：朕钦奉皇太后懿旨：醇亲王载沣授为摄政王。"

第三道：

"谕军机大臣等：朝会大典、常朝班次，摄政王着在诸王之前。"

事情发展迅速。第二天光绪帝便死去了："上疾大渐（病危），酉

199

清朝皇帝宝座

刻（17—19时），崩于瀛台之涵元殿。"

慈禧即于十月二十一日（11月14日）连发三道懿旨。

第一道：

"钦奉慈禧端佑康颐昭豫庄诚寿恭钦献崇熙皇太后懿旨：摄政王载沣之子溥仪着入承大统，为嗣皇帝。"

第二道：

"又钦奉皇太后懿旨：前因穆宗毅皇帝未有储贰，曾于同治十三年十二月初五日降旨，大行皇帝生有皇子，即承祧穆宗毅皇帝为嗣。现在大行皇帝龙驭上宾，亦未有储贰，不得已以摄政王载沣之子溥仪承继毅皇帝（同治帝）为嗣，并兼承大行皇帝（光绪帝）之祧。"

第三道：

"又钦奉皇太后懿旨：现值时事多艰，嗣皇帝尚在冲龄，正宜专心典学。着摄政王载沣为监国。所有军国政事，悉秉承予之训示，裁度施行。俟嗣皇帝年岁渐长，学业有成，再由嗣皇帝亲裁政事。"

这三道懿旨，既宣布溥仪承继同治帝为嗣，又宣布溥仪兼祧光绪帝，同时宣布载沣为监国摄政王。而这里最重要的一句话是"所有军国

慈禧十大谜案破解

政事，悉秉承予之训示，裁度施行"。说明此时的慈禧，仍然坚信自己会像从前一样大权独揽、稳握朝纲。她完全没有想到自己会很快撒手人寰。基于对自己寿命的这种自信，她就没有必要急于害死光绪帝。

直到十月二十二日晨，患痢疾多日的慈禧自觉不好，感到要不久于人世。她很快安排了后事。在完全清醒的情况下，慈禧命起草遗诏。遗诏经过慈禧的修改，得到了慈禧的首肯。

遗诏中所表现的对光绪帝的悼念之情，就不好下断语了。也许是"人之将死，其言也善"？关于政权的交接，慈禧在深思熟虑的基础上，直接连发两道懿旨，以安排后事。

第一道懿旨：

"谕内阁：朕钦奉慈禧端佑康颐昭豫庄诚寿恭钦奉崇熙太皇太后懿旨：现命摄政王载沣监国。所有应行礼节，着内阁各部院会议具奏。"

这就进一步明确地给予了摄政王载沣监国的名义。

第二道懿旨：

"又谕：朕钦奉太皇太后懿旨：昨经降旨，特命摄政王为监国。所有军国政事，悉秉承予之训示，裁度施行。现予病势危笃，恐将不起，嗣后军国政事，均由摄政王裁定。遇有重大事件，必须请皇太后（隆裕皇太后）懿旨。由摄政王随时面请施行。"

这道懿旨表明，慈禧把国家政事的最高决策权全部交给了载沣。但同时又留了个尾巴，遇有重大事件仍必须请示隆裕皇太后裁定。不管怎么说，慈禧已意识到自己到了生命的最后一刻，应该交出政权了，即直到临死前的四五个小时，她才十分勉强地交出了手中的权力。

那么，慈禧是不是一定要杀掉光绪帝呢？种种迹象表明，慈禧虽然痛恨光绪帝在戊戌政变期间的叛逆行为，但经义和团事件、仓皇西狩及顺利回銮这样历史的大震荡，也许是光绪帝的养晦之计起了作用，也许是慈禧年事已高，反正他们之间的关系有所缓和。"太后常劝勉皇帝鼓励精神，有顾恤之意"，"太后此时，知皇帝已无反对太后意旨之心也。

帝病亟，太后戒饬太监，以后帝来请安时，不可使久候于外。又命令议国政时，免他跪地迎送之礼"。慈禧这样做也许是故意给别人看的。但不管怎么说，慈禧自信是完全可以驾驭光绪帝的。同样自信的是完全可以活过光绪帝的。鉴于此，她为什么非要害死光绪帝呢？

以上人们传说的五名凶手，充其量也只是令人怀疑的嫌疑犯。因为没有任何使人信服的证据，证明他们是真正的凶手。

我们知道，如得不到慈禧太后的指令或默许，任何人也是不敢对光绪帝下毒手的。谋害皇帝是大逆不道，要祸灭九族的。即便某些人有这种图谋，也是不敢轻易出手的。

近年出版了一本重要著作《启功口述历史》，启功先生说：

　　我曾祖遇到的、最值得一提的是这样一件事：他在任礼部尚书时，正赶上西太后（慈禧）和光绪皇帝先后"驾崩"。作为主管礼仪、祭祀之事的最高官员，在西太后临终前要昼夜守候在她下榻的乐寿堂外。其他在京的、够级别的大臣也不例外，就连光绪的皇后隆裕（她是慈禧那条线上的人）也得在这边整天侍候着，连梳洗打扮都顾不上。进进出出时，大臣们也来不及向她请安，都惶惶不可终日，就等着宫里一哭，外边好举哀发丧。西太后得的是痢疾，所以从病危到弥留的时间拉得比较长。候的时间一长，大臣们都有些体力不支，便纷纷坐在台阶上，哪儿哪儿都是，情景非常狼狈。就在宣布西太后临死前，我曾祖父看见一个太监端着一个盖碗从乐寿堂出来，出于职责，就问这个太监端的是什么，太监答道："是老佛爷赏给万岁爷的塌喇。""塌喇"在满语中是酸奶的意思。当时光绪被软禁在中南海的瀛台，之前也从没有听说过他有什么急症大病，隆裕皇后也始终在慈禧这边忙活。但送后不久，就由隆裕皇后的太监小德张（张兰德）向太医院正堂宣布光绪帝驾崩了。接着这边屋里才哭了起来，表明太后已死，整个乐寿堂跟着哭成一片，在我曾祖父主持参与下举行哀礼。其实，谁也说不清西太后到底是什么时候死的，也许她真的挺到光绪死后，也许早就死了，只是密不发丧，只有等到宣布光绪死后才发丧。这已成了千古疑案，查太医院的任何档案也不会有真实的记载。但在光绪帝死之前老佛爷曾亲赐他一碗"塌喇"，确实是我曾祖父亲见亲问过的。这显然是一碗毒药。

这段自述，存在六处破绽。

第一个破绽，慈禧死亡的地点不对。本文三处提到死亡的地点是乐寿堂："在西太后临终前要昼夜守候在她下榻的乐寿堂外"；"太监端着一个盖碗从乐寿堂出来"；"表明太后已死，整个乐寿堂跟着哭成一片"。

北京的乐寿堂有两处，一处在紫禁城，另一处在颐和园。

紫禁城里的乐寿堂，属于宁寿宫后区中路建筑之一，位于养性殿后，面朝南。乾隆三十七年（1772 年）建，嘉庆七年（1802 年）修，光绪十七年（1891 年）重修。亦称乐寿宫读书堂。面阔七间，进深三间。光绪二十年（1894 年）慈禧曾经居住此堂，以西暖阁为卧室。光绪二十七年（1901 年）慈禧亦曾在此居住，据《王文韶日记》记载，光绪二十七年十二月二十三日（1902 年 2 月 1 日），慈禧在宁寿宫的养性殿接见了 8 国公使夫人和随员眷属 13 人、子女 8 人。在乐寿堂赐宴分男女两处。光绪帝也亲自参与此事。在清朝历

紫禁城乐寿堂

史上，皇太后、皇上亲自接见外国公使夫人，这是首次，是创纪录的。慈禧和光绪创造了这个纪录。无怪乎军机大臣王文韶赞美道："此乃千古未有之创举，可谓躬逢其盛矣！"慈禧临死前，没有住在紫禁城的乐寿堂。

颐和园的乐寿堂在颐和园的宫殿区。颐和园的东门为正门，门内为宫殿区，有仁寿殿、乐寿堂、大戏台等多组建筑。慈禧临死前，显然也没有住在颐和园的乐寿堂。

慈禧临死前并不住在这两处乐寿堂的任何一处，而是住在仪鸾殿。

仪鸾殿（实录写作仪鸾殿，档案亦写作仪銮殿）是慈禧死亡的最后地点。《清德宗实录》卷五九七记道："是日（十月二十二日），太皇太后（慈禧，因已立溥仪为皇帝）疾大渐，未刻，崩于仪鸾殿。"

根据学者林克光的考证，仪鸾殿有两处：早期的仪鸾殿和晚期的仪鸾殿。早期的仪鸾殿在皇宫西苑三海中海的西岸。这座仪鸾殿，是慈禧

颐和园乐寿堂

204

为了归政光绪帝特意为自己修建的颐养天年之所。这是一组以仪銮两卷殿为中心，前后三进，坐北朝南的传统宫殿式建筑群。仪銮殿是正殿，规模最大，面阔五间。正中一间是慈禧召见大臣的地方。东次间是慈禧的寝宫。慈禧于光绪十四年（1888年）七月初一日，移住仪銮殿新宫。此后数年，大部分时间均住在仪銮殿。光绪十七年（1891年）四月，颐和园修竣，才常住颐和园。但到冬天，则主要住在仪銮殿。但是，在八国联军侵犯中国后，联军统帅瓦德西居住在仪銮殿半年之久。光绪二十七年（1901年）二月二十九日深夜，仪銮殿突然起火，"烈焰凶猛，半天皆红"。后来查明"当系由铁炉之火，延烧壁上之木皮纸面所致"。这是早期的仪銮殿。

慈禧死于晚期的仪銮殿。慈禧于光绪二十七年十一月二十四日（1902年1月3日）从西安回到北京。此后，在仪銮殿旧址建成了西式的海晏堂。慈禧喜爱居住中国传统宫殿，就在海晏堂的西北处，又建造了一座新的仪銮殿。新仪銮殿于光绪三十年（1904年）十月竣工。《清德宗实录》记载，慈禧于是年十月二十六日重新进住仪銮殿。以后，慈禧一直住在这座新的仪銮殿。民国初年，新仪銮殿改名怀仁堂。慈禧就死在这座晚期的仪銮殿。

西苑的仪銮殿，煌煌所在，作为礼部尚书的当事人溥良是完全应该知道的。慈禧死于仪銮殿，参与其事的当事人礼部尚

慈禧太后喜欢穿的百蝶服

中南海仪鸾殿（今怀仁堂）

书溥良也应该完全知道。仪鸾殿在西苑，乐寿堂在宫城，一个在西，一个在东，相距甚远。这样一个常识性的知识，不知为什么礼部尚书溥良硬是给搞错了。

第二个破绽，慈禧死前的氛围不对。自述说："进进出出时，大臣们也来不及向她请安，都惶惶不可终日，就等着宫里一哭，外边好举哀发丧。西太后得的是痢疾，所以从病危到弥留的时间拉得比较长。候的时间一长，大臣们都有些体力不支，便纷纷坐在台阶上，哪儿哪儿都是，情景非常狼狈。"这段自述的真实性值得怀疑。实际情况并不是这样。根据可靠的《清德宗实录》的记载，慈禧病情的恶化也是突然的，先前并没有必死的迹象。

《清德宗实录》卷五九七记道："光绪三十四年（1908 年）十月癸丑（初一日），上（光绪帝）诣仪鸾殿，问慈禧端佑康颐昭豫庄诚寿恭钦献崇熙皇太后安。至戊辰（十月十六日）皆如之。"就是说，光绪帝

慈禧十大谜案破解

每天定时到仪鸾殿向慈禧太后请安，从十月初一日开始，天天如此，直到十月十六日。《清德宗实录》卷五九七记道："辛酉（十月初九日），上奉皇太后幸颐年殿，侍晚膳。至癸亥（十月十一日），皆如之。"这是说，从十月初九日开始，连续三天，光绪帝陪伴慈禧太后吃晚膳。也就是说，从十月初一日开始，到十月十六日，慈禧太后一直到仪鸾殿上朝视事。其间，十月初十日，是慈禧太后74岁寿诞日，即万寿节。《清德宗实录》卷五九七又记道："上率王以下文武大员暨蒙古王贝勒贝子公额驸等，诣仪鸾殿行庆贺礼。众官于来薰门外行礼。"她自认为莺歌燕舞，海内升平，很是志得意满。白天，慈禧参加为她举行的祝寿庆典。晚上，她又兴致勃勃地出席在西苑颐年殿的演戏祝贺。直到戏散，她才回到仪鸾殿就寝。

这充分说明，直到十月十六日，慈禧太后一切如常，并没有任何病入膏肓的情形出现。

在这之前，慈禧已患慢性腹泻之病。这几日，又吃了些不易消化的乳酪果饼，腹泻又加剧了。据《内起居注》记载，自十月十六至十九日，慈禧没有参与政务活动。这说明慈禧病情加重了。这时，她感到光绪帝病情已呈危象，应该考虑立嗣问题了。

据说，在此期间，慈禧曾秘密召见军机大臣世续和张之洞，征询为光绪帝立嗣的意见。其实，慈禧早就心中有数，她不过是做做样子罢了。根据慈禧的意见，拟任命醇亲王奕譞之子载沣为监国摄政王，立载沣的儿子溥仪为皇嗣子。

因此，其自述所谓"都惶惶不可终日"了，"情景非常狼狈"了，等等，就都与实际情况不符。

第三个破绽，慈禧死亡的时间不对。作为亲历者，启功先生的曾祖父没有提供慈禧死亡的确切时间，反而猜测道："其实，谁也说不清西太后到底是什么时候死的，也许她真的挺到光绪死后，也许早就死了，只是密不发丧，只有等到宣布光绪死后才发丧。这已成了千古疑案，查太医院的任何档案也不会有真实的记载。"

207

而十月二十日和二十一日，醇亲王奕譞之子载沣都详细写了日记，可以看出慈禧太后当时的情形。并不是"谁也说不清西太后到底是什么时候死的，也许她真的挺到光绪死后，也许早就死了，只是密不发丧"。

十月二十日记道：

> 上（光绪帝）疾大渐。上朝，奉旨派载沣恭代批折，钦此。庆王（庆亲王奕劻）到京，午刻同诣皇太后仪鸾殿，面承召见。钦奉懿旨：醇亲王载沣着授为摄政王，钦此。又面承懿旨：醇亲王载沣之子溥仪着在宫内教养，并在上书房读书，钦此。叩辞至再，未邀俞允，即命携之入宫。万分无法，不敢再辞。钦遵于申刻由府携溥仪入宫。又蒙召见，告知已将溥仪交在隆裕皇后宫中教养，钦此。即谨退出，往诣庆邸（庆亲王奕劻）。

十月二十一日记道：

> 癸酉酉刻（17—19时），小臣载沣跪闻皇上崩于瀛台。亥刻（21—23时），小臣同庆王（庆亲王奕劻）、世相（世续）、鹿协揆（鹿传霖）、张相（张之洞）、袁尚书（袁世凯）、增大臣崇，诣福昌殿。仰蒙皇太后召见，面承懿旨：摄政王载沣之子溥仪着入承大统为嗣皇帝，钦此。又面承懿旨：前因穆宗毅皇帝未有储贰，曾于同治十三年十二月初五日降旨，大行皇帝即承继穆宗毅皇帝（同治帝）为嗣。现在大行皇帝龙驭上宾，亦未有储贰，不得已以摄政王载沣之子溥仪承继穆宗毅皇帝（同治帝）为嗣，并兼承大行皇帝（光绪帝）之祧。钦此。又面承懿旨：现在时势多艰，嗣皇帝（溥仪）尚在冲龄，正宜专心典学，着摄政王载沣监国。所有军国政事，悉秉予之训示裁度施行。俟嗣皇帝年岁渐长，学业有成，再由嗣皇帝亲裁政

事，钦此。是日住于西苑军机处。

以上两则日记应是真实可信的，即慈禧立嗣是在两天之内完成并宣诏于全部军机大臣的。慈禧神志清醒，办事果断。

太医院太医张仲元、李德源、戴家瑜从十月初六日开始，一直跟踪为慈禧治病。其间，又请得名医吕用宾入诊。直到十月二十二日，太医张仲元、戴家瑜做出最后诊断："请得皇太后六脉已绝，于未正三刻升遐。"慈禧死亡的时间是准确的，即光绪三十四年（1908 年）十月二十二日未正三刻（14 时 45 分）。并不是"这已成了千古疑案，查太医院的任何档案也不会有真实的记载"。

第四个破绽，口述光绪的病情不对。口述者说："当时光绪被软禁在中南海的瀛台，之前也从没有听说过他（光绪帝）有什么急症大病。"光绪帝身患疾病，甚至重病的消息，是当时公开的秘密。当时了解晚清政局的人，自然都会知道光绪帝身患重病。为此，朝廷曾多次发布上谕，向全国征求名医。

光绪二十四年九月初四日（1898 年 10 月 18 日），法国驻京使馆医官多德福赴瀛台为 28 岁的光绪帝治病。光绪三十四年（1908 年）四月，光绪帝的病情更为严重。宫中御医无计可施，只得征召江苏名医陈秉钧和曹元恒入京诊视。虽经他们多方调治，效果仍不明显。

在这种情况下，慈禧再次向全国征求名医。五月初八日，慈禧通过军机处向有名的封疆大吏发出急电，催调名医入京。电文曰："入春以来，皇上圣躬时有欠安。在京名医，诊治无效。希尊处精选名医，资送迅速来京，恭候传诊。"这次征召来京的名医有吕用宾、周景涛、杜钟骏、施焕等人。

这些上谕都是发往全国的，而一个身任礼部尚书的朝廷大员竟然说"之前也从没有听说过他（光绪帝）有什么急症大病"，这真让人无法理解。

第五个破绽，宣布光绪死亡的地点不对。口述者说："但送后不久，

209

就由隆裕皇后的太监小德张（张兰德）向太医院正堂宣布光绪帝驾崩了。"这里有两个问题：

其一，当时小德张不是隆裕皇后的太监，而是慈禧太后的太监。小德张，原名张祥斋，字云亭，宫号小德张，张兰德是他宫内的名字。慈禧太后赐名恒太。他于光绪十七年（1891年）入宫，在皇宫当了22年太监，先后服侍过慈禧太后和隆裕太后。慈禧太后死前，他是慈禧太后的二总管太监；慈禧死后，他转而成为隆裕太后的总管太监。他1957年病死，是年81岁。说当时的小德张是隆裕皇后的太监，显然是不对的。

其二，光绪帝死于瀛台涵元殿，宣布光绪帝死亡也应该在涵元殿。可是，口述者却说"向太医院正堂宣布光绪帝驾崩了"，似乎是说"在太医院正堂宣布光绪帝驾崩了"。清代的太医院不在紫禁城内，而在紫禁城外。根据考证，清代的太医院几经迁徙。开始在现在的东交民巷西

幽禁光绪帝的瀛台

210

口路北附近，后来一度迁到北池子大悲观音院，光绪二十八年（1902年），才于地安门外皇城根，另建新署，三年竣工。这个太医院新署，现在遗址尚存。太监特意跑到紫禁城外，在太医院宣布光绪帝驾崩，有这个必要吗？

第六个破绽，赏赐塌喇的做法不对。慈禧太后不早不晚扯旗放炮般地赏赐给病中的光绪帝一碗塌喇，光绪帝吃后就病故了。慈禧太后的做法也太拙劣了。

综上，短短几百字的自述，就存在六处破绽，这不能不使人们对整个自述的真实性产生怀疑。也可以说，这六处破绽，已经全盘否定了启功先生曾祖父溥良这段自述的真实性。启功先生是我素来十分景仰的国学大师，这段自述不知是哪个环节出了毛病。

总之，这个自述不能成为慈禧毒死光绪的证据。

二　正常病死说

正史记载光绪帝是病死的。

其一，《清德宗实录》卷五九七记道："癸酉（十月二十一日），上疾大渐（病危），酉刻（17—19时），崩于瀛台之涵元殿。"

其二，《清史稿》卷二十四记道："癸酉（十月二十一日），上疾大渐，崩于瀛台涵元殿，年三十有八。"

其三，《光绪朝东华录》记道："上疾大渐，酉刻，崩。"

以上正史三条记载，无一例外地说明是"上疾大渐"，最后"崩于瀛台之涵元殿"。

其实，根据确凿无误的档案资料，经多人考证，可以确认光绪帝是死于疾病。

这从历史学者朱金甫、周文泉著《从清宫医案看光绪帝载湉之死》和《慈禧太后之死》等文，可以得出这样的结论。

光绪帝4岁入宫，照顾他的是太监和宫女，得不到亲生父母的细心

211

照料，自幼便体弱多病。在如同铁男人似的慈禧的严苛管教下，光绪帝的身心俱受到不可逆转的戕害。

前文已经提到，光绪二十四年九月初四日（1898年10月18日），法国驻京使馆医官多德福曾赴瀛台为光绪帝治病。光绪帝把自己亲自书写的《病源说略》当面交给了多德福。《病源说略》承认自己有病。多德福听诊后，诊断其为"腰败"。"按西医名目：腰火长症。"同时指出，光绪帝的遗精之症，因"少腹皮肉既亦虚而无力，不克阻精之妄遗。宜先设法治腰，然后止遗精"。当时的光绪帝虽只有28岁，但已是疾病缠身了。

以后他的病情不仅没有得到控制，反而愈益加重。清宫档案中便存有光绪三十三年（1907）光绪帝自书的《病源说略》：

> 遗精之病将二十年，前数年每月必发十数次，近数年每月不过二三次，且有无梦不举即遗泄之时，冬天较甚。近数年遗泄较少者，并非渐愈，乃系肾经亏损太甚，无力发泄之故……瘦弱遗精之故，起初由于昼间一闻锣声即觉心动而自泄，夜间梦寐亦然……腿膝足踝永远发凉……稍感风凉则必头疼体酸，夜间盖被须极严格……其耳鸣脑响亦将近十年。其耳鸣之声，如风雨金鼓杂沓之音，有较远之时，有觉近之时。且近年来耳窍不灵，听话总不真切，盖亦由于下元虚弱，以致虚热时常上溢也。腰腿肩背酸沉，每日须令人按捶……此病亦有十二三年矣……行路之时，步履欠实，若稍一旁观，或手中持物，辄觉足下欹侧荡摇。

很明显，37岁的光绪帝几乎全身是病。

光绪三十四年（1908年），光绪帝的病情更为严重。宫中御医无计可施，只得征召江苏名医陈秉钧和曹元恒入京诊视。虽经他们多方调治，效果仍不明显。四月初四日，两位名医在会诊的脉案中写道："皇上脉弦数较减，轻取重按，皆虚弱无力。审察病由，耳响作堵，有增无减，足跟作痛，有减无增。现在腰痛不止，上连背部，下及胯间。考腰为肾府，封藏有亏，肝木上升，脾湿下陷。偏于右者，以左属血、右属气，气血不能流贯，风湿两邪，窜经入络。"从脉象看，病情愈益严重了。

在这种情况下，慈禧再次向全国征求名医。五月初八日，慈禧通过军机处向有名的封疆大吏发出急电，催调名医入京。电文曰："入春以来，皇上圣躬时有欠安。在京名医，诊治无效。希尊处精选名医，资送迅速来京，恭候传诊。"

光绪帝载湉便服像

这次征召来京的名医有吕用宾、周景涛、杜钟骏、施焕等人。其中江苏名医杜钟骏曾著《德宗请脉记》一书，详细记述了他为光绪帝治病的经过。

七月十六日，杜钟骏首次在仁寿殿给皇帝请脉。当时，慈禧也在座，以示关怀。

皇上问："你瞧我脉怎样？"

杜答道："皇上之脉左尺脉弱，右关脉弦。左尺脉弱先天肾水不足，右关脉弦后天脾土失调。"

皇上问："我病了两三年都治不好，什么原因呢？"

杜答道："皇上之病非一朝一夕之故，其所虚者由来渐矣……"

杜钟骏认为光绪帝的病由来已久，不是轻易可以治愈的。

同一天，光绪帝又自书了《病源说略》：

　　腰胯筋络酸跳，疼痛增重，牵及小腹两旁皆作跳痛。早晨洗面手不能举，腰不能俯，所有上下阶及行动坐立卧起，咳嗽用力时皆牵震作痛，早间初起时尤重，甚至呼吸皆觉费力。屡用补肾除湿之药，非但无效，且近来每晚间睡时偶有心跳惊醒之候，宜另设法医治。

可见，此时的光绪帝全身剧痛，呼吸困难，举步维艰，已病入膏肓了。

进入十月，光绪帝的病已露险象。

杜钟骏在《德宗请脉记》中记载：

　　十月×日夜间，内务府忽派人来说："皇上病重，堂官叫来，请你上去请脉。"予未及洗脸，匆匆上车，行至前门，一骑飞来云："速去！速去！"行未久，又来一骑，皆内务府三堂官派来催促者也。及至内务公所，周君景涛已经请脉下来。云："皇上病重。"坐未久，内务府大臣增崇引予至瀛台，皇上坐炕右，前放半桌，以一手托腮，一手仰放桌上，予即按脉。良久，皇上气促口臭，带哭声而言曰："头班之药服了无效。问他又无决断之语，你有何法救我？"予曰："臣两月未请脉，皇上大便如何？"皇上曰："九日不解，痰多气急心空。"……请脉看舌毕，因问曰："皇上还有别话吩咐否？"谕曰："无别话。"遂退出房门外，皇上招手复令前谕未尽病状，后退出至军机处拟方。予案中有实实虚虚，恐有猝脱之语。继大臣曰："你此案如何这样写法，不怕皇上骇怕么？"予曰："此病不出四日，必有危险。予此来未能尽技为皇上愈病，已属惭愧。到了病坏尚看不出，何以自解？公等不令写原无不

214

可，但此后变出非常，予不负责，不能不预言。"

很明显，光绪帝已迫近死期了。

光绪帝驾崩当天的情况，杜钟骏的《德宗请脉记》记载详细：

> 至十九日夜，与同事诸君均被促起，但闻宫内电话传出预备宾天仪式，疑为已经驾崩。宫门之外，文武自军机以次守卫森严。次早六钟，宫门开，仍在军机处伺候，寂无消息。但见内监纷纭，而未悉确实信息。至日午，继大臣来言曰："诸位老爷们久候，予为到奏事处一探消息，何时请脉。"良久，来漫言曰："奏事处云，皇上今日没有言语。你们大人们做主，我何能做主。你们诸位老爷们且坐坐罢。"未久，两内监来传请脉。于是，予与周景涛、施焕、吕用宾四人同入。予在前先入，皇上卧御床上。其床如民间之床，无外罩，有搭板，铺毡如上。皇上瞑目。予方以手按脉，瞿然惊寤，口目鼻忽然俱动，盖肝风为之也。予甚恐虑其一厥而绝，即退出。周、施、吕，次第请脉毕，同回至军机处。予对内务三公曰："今晚必不能过，可无须开方。"内务三公曰："亟须开方，无论如何写法均可。"于是，书危在眉睫，拟生脉散药，未进，至申刻（15—17时）而龙驭上宾矣。

光绪帝死于十月二十一日酉刻，而不是申刻。杜钟骏记错了。此时光绪帝年仅38岁。

其实在此之前的十月二十一日子刻（23—1时），光绪帝已进入弥留状态。当即由张仲元、全顺、忠勋等御医诊视，脉案记载如下：

> 十月二十一日子刻张仲元、全顺、忠勋，请得皇上脉息如丝欲绝。肢冷，气陷，二目上翻，神识已迷，牙齿紧闭，势已

将脱。谨勉拟生脉饮，以尽血忱：人参一钱，麦冬三钱，五味子一钱。水煎灌服。

而后杜钟骏、周景涛二人亦入宫诊视。杜所书之脉案：

十月二十一日，臣钟骏请得皇上脉左三部细微欲绝，右三部若有若无。喘逆气短，目瞪上视，口不能语，呛逆作恶。肾元不纳，上迫于肺，其势发发欲脱。

光绪帝此时只剩一息游丝了。

光绪三十四年十月二十一日酉正二刻三分（1908 年 11 月 14 日 18 时 33 分），光绪帝"龙驭上宾"，乘龙升天了。

历史学者朱金甫、周文泉认为："光绪帝自病重至临终之时，其症状演变属进行性加剧，而无特殊或异常症状出现。其临终时的症候表现，乃是病情恶化之结果。因之，笔者认为光绪帝是死于疾病。"

我认为，他们根据确凿无误的档案所做出的结论是很有道理的。

光绪帝确实是死于疾病。

慈禧太后个人档案

姓名：叶赫那拉氏

别称：西太后、老佛爷、老祖宗

出生：道光十五年十月初十日（1835 年 11 月 29 日）

属相：羊

乳名：兰儿

父亲：惠征

初婚：18 岁结婚

居所：初居长春宫，后移储秀宫，曾住仪鸾殿、乐寿堂等

配偶：奕𬣞（咸丰帝）

子女：载淳（同治帝）

初封：咸丰二年二月十一日（1852 年 3 月 31 日）封兰贵人

封嫔：咸丰四年二月二十六日（1854 年 3 月 24 日）封懿嫔

封妃：咸丰六年三月二十三日（1856 年 4 月 27 日）封懿妃

封贵妃：咸丰七年正月初二日（1857 年 1 月 27 日）封懿贵妃

尊太后：咸丰十一年七月十八日（1861 年 8 月 23 日）尊为皇太后

徽号：慈禧端佑康颐昭豫庄诚寿恭钦献崇熙皇太后

卒年：光绪三十四年十月二十二日（1908 年 11 月 15 日）

享年：74 岁

入葬：宣统元年十月初四日（1909 年 11 月 16 日）

陵寝：菩陀峪定东陵（清东陵）

谥号：孝钦慈禧端佑康颐昭豫庄诚寿恭钦献崇熙配天兴圣显皇太后

最喜欢：化妆美容

最爱好：书法绘画

最得意：辛酉政变的成功

最特别：立过三个小皇帝，三次垂帘听政

最失意：庚子年的狼狈西逃

最不幸：儿子同治帝的早死

最不满：整寿总是遇到战争

最擅长：机变、权谋、驭人

慈禧太后大事年表

夏历	公历	年龄	大　　事
道光十五年 十月初十日	1835 年 11 月 29 日	1 岁	慈禧诞生在北京。乳名兰儿。父亲惠征，时任二等笔帖式（文书）。原系镶蓝旗，后抬为镶黄旗。
咸丰元年	1851 年	17 岁	慈禧参加应选秀女。
咸丰二年 二月初六日 二月十一日 五月初九日	1852 年 3 月 26 日 3 月 31 日 6 月 26 日	18 岁	惠征受重用，被任命为正四品的安徽徽宁池太广道（略高于局长）。 慈禧封为兰贵人。 慈禧应召入宫。
咸丰四年	1854 年	20 岁	慈禧晋封懿嫔。
咸丰六年	1856 年	22 岁	生子载淳，当日晋封懿妃。
咸丰十年	1860 年	26 岁	咸丰帝北逃热河，慈禧随行。
咸丰十一年 七月十七日 七月十八日 八月初一日 九月初一日 九月三十日 十月九日 十一月初一日	1861 年 8 月 22 日 8 月 23 日 9 月 5 日 10 月 4 日 11 月 2 日 11 月 11 日 12 月 2 日	27 岁	咸丰帝崩于热河，年 31 岁。 皇后钮祜禄氏和懿贵妃被尊为皇太后。 恭亲王奕䜣自北京抵达热河，叩谒梓宫。两宫皇太后同奕䜣密谋发动宫廷政变，是谓辛酉政变。 恭上钮祜禄氏徽号为慈安皇太后，那拉氏徽号为慈禧皇太后。 慈禧辛酉政变成功，处理得法。 同治小皇帝载淳登极。 两宫皇太后实行清朝历史上首次垂帘听政，也是慈禧太后三次垂帘听政的第一次。

夏历	公历	年龄	大　事
同治四年	1865 年	31 岁	剥夺恭亲王奕䜣的议政王头衔。
同治六年	1867 年	33 岁	慈禧以同治帝的名义发布上谕，坚决支持洋务运动。
同治八年	1869 年	35 岁	慈禧以同治帝名义发布上谕，命就地处死宠监安得海。实际上在此前 5 天，丁宝桢已经处死了安得海。
同治十一年	1872 年	38 岁	同治帝举行大婚典礼。皇后为慈安选中的阿鲁特氏，皇妃为慈禧选中的富察氏（慧妃）。
同治十二年	1873 年	39 岁	举行同治帝亲政大典，两宫皇太后撤帘归政。
同治十三年十二月初五日	1875 年1 月 12 日	41 岁	同治帝病逝。因同治帝未有皇子，慈禧决定立醇亲王奕譞之子 4 岁的载湉即位，改元光绪。慈禧二度垂帘。
光绪七年三月初十日	1881 年4 月 8 日	47 岁	慈安病故。有人说是慈禧毒死了慈安，证据不足。
光绪十年	1884 年	50 岁	重组军机处，是谓甲申之变。
光绪十五年	1889 年	55 岁	光绪帝举行亲政大典，慈禧归政光绪帝。
光绪二十年	1894 年	60 岁	中日战争爆发。慈禧降旨，决定 60 大寿只在宫内举行。
光绪二十二年四月二十三日八月初六日	1896 年 6 月 11 日9 月 21 日	64 岁	光绪帝发布《明定国是》诏，宣布维新变法。慈禧发动政变，重新训政，实际是第三次垂帘，光绪帝被囚禁于瀛台。
光绪二十六年	1900 年	66 岁	慈禧向列强宣战。各国联军侵入北京。慈禧携光绪帝逃出北京。出逃前，慈禧处死了珍妃。
光绪二十七年	1901 年	67 岁	同列强签订了《辛丑条约》。慈禧回到北京。
光绪二十八年	1902 年	68 岁	慈禧推行新政。
光绪三十二年	1906 年	72 岁	慈禧宣示实行预备立宪。
光绪三十四年十月二十一日十月二十二日	1908 年 11 月 14 日11 月 15 日	74 岁	酉刻，光绪帝崩。慈禧懿旨，命以载沣之子溥仪即位为皇帝，以载沣为监国摄政王。未刻，慈禧太后崩。

图书在版编目（CIP）数据

慈禧十大谜案破解 / 徐彻著. -- 北京：中国文史
出版社，2022.10

（徐彻作品系列 / 徐忱主编；7）

ISBN 978-7-5205-3550-2

Ⅰ. ①慈… Ⅱ. ①徐… Ⅲ. ①西太后（1835—1908）
–人物研究 Ⅳ. ①K827＝52

中国版本图书馆 CIP 数据核字（2022）第 094800 号

责任编辑：蔡晓欧

出版发行：**中国文史出版社**

社　　址：北京市海淀区西八里庄路 69 号院　　邮编：100142

电　　话：010-81136606　81136602　81136603（发行部）

传　　真：010-81136655

印　　装：廊坊市海涛印刷有限公司

经　　销：全国新华书店

开　　本：720×1020　1/16

印　　张：14.75　　字数：197 千字

版　　次：2022 年 10 月第 1 版

印　　次：2022 年 10 月第 1 次印刷

定　　价：52.80 元

文史版图书，版权所有，侵权必究。

文史版图书，印装错误可与发行部联系退换。